www.ingramcontent.com/pod-product-compliance
Lightning Source LLC
LaVergne TN
LVHW041550070526
838199LV00046B/1890
* 9 7 8 8 1 9 8 1 2 9 4 6 8 *

راشٹر واد کی آڑ میں

انتخاب و ترتیب
اشعر نجمی

Bright Books

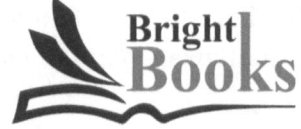

© Ashar Najmi

Rashtrvaad Ki Aad Mein
by Ashar Najmi
Bright Books, Thane, India
1st Edition : October 2024
ISBN: 978-81-981294-6-8

اس کتاب کا کوئی بھی حصہ مصنف یا ناشر کی پیشگی اجازت کے بغیر کسی بھی وضع یا جلد میں
کلّی یا جزوی، منتخب یا مکرر اشاعت یا بہ صورت فوٹو کاپی، ریکارڈنگ، الیکٹرانک، میکینکل
یا ویب سائٹ پر اَپ لوڈنگ کے لیے استعمال نہ کیا جائے۔ نیز اس کتاب پر کسی بھی
قسم کے تنازعہ کو نمٹانے کا اختیار صرف ممبئی کی عدلیہ کو ہوگا۔

Bright Books

Mira Road East, Dist. Thane, India
nidabattiwala@gmail.com

فہرست

تاریخ اور قومیت کی تشکیل	مبارک علی	05
کلچرل نیشنلزم کے نمایاں خدوخال	شمس الضحیٰ	08
قومیت کے تصورات اور سرسید احمد خاں	ڈاکٹر سید جعفر احمد	16
ہندو مسلم تعلقات اور جارحانہ قوم پرستی	ڈاکٹر احسان اللہ فہد	21
کیا حب الوطنی کی نمائش ضروری ہے؟	نرمل چندر استھانا	31
بالی ووڈ کا نیا نیشنل ازم	سدھارتھ بھاٹیہ	36
نمائشی راشٹرواد	انوراگ مودی	40
سچی حب الوطنی کو دکھاوے کی ضرورت؟	رام چندر گہا	43
راشٹرواد کی آڑ میں...	سدھارتھ بھاٹیہ	46
اب ترنگا سے سکون نہیں...	اپوروانند	49
اینٹی نیشنل کا تمغہ بانٹ رہے ہیں...	رگھو کرناڈ	52
ہم نے اپنا بھارتیہ کرن کیا (طنز و مزاح)	کنہیا لال کپور	57

تاریخ اور قومیت کی تشکیل

مبارک علی

ترکی میں عثمانی سلطنت نے مشرق وسطیٰ اور شمالی افریقہ کے ملکوں کو خود میں ضم کر لیا تھا۔ اس کے علاوہ چند مشرقی یورپی ریاستوں کے ساتھ بھی سلطنت عثمانیہ نے ایسا ہی کیا تھا۔ یہی نہیں جب یورپی ملکوں نے ایشیا، افریقہ اور جنوبی امریکہ کو فتح کیا، تو انہوں نے بھی اپنے سیاسی تسلط کو قائم کرتے ہوئے اپنی نوآبادیوں میں مفتوحہ ممالک کی آزادی کو ختم کر کے ان کی شناخت کو بھی کمزور کر دیا تھا۔

لیکن جب یہ بڑی بڑی سلطنتیں ٹوٹیں اور مختلف قوموں نے یورپی سامراج سے آزاد حاصل کی، تو انہوں نے نئے جذبے کے ساتھ تاریخ کی مدد سے اپنی قومیت کی تشکیل کی۔ سلطنت عثمانیہ کے ماتحت جو ممالک تھے، آزاد ہونے پر انہوں نے اپنی شناخت کی تلاش میں تاریخ کا سہارا لیا۔ مشرق وسطیٰ میں پہلے عرب قومیت ابھری، مگر یہ سبھی عرب ممالک کو متحد کرنے میں ناکام رہی۔ پھر ہر ملک نے جداگانہ طور پر اپنی قومی ریاست کی بنیاد رکھی۔ مثلاً مصر، شام اور عراق انہوں نے اپنا رشتہ قدیم تاریخ سے جوڑا۔ مصری مؤرخوں نے قدیم مصر کی تہذیب اور فرعونوں کے عہد کو اپنی تاریخ میں شامل کیا۔ عراق نے قدیم میسوپوٹامیا کی تہذیب کو اپنایا اور اس کی روایات پر فخر کرنا شروع کیا۔ شام نے اپنا رشتہ بازنطینی سلطنت سے جوڑا اور یونانی زبان کو برقرار رکھنے کی کوشش کی۔

ہابس برگ (Habsburg) سلطنت کے ٹوٹنے کے بعد مشرقی یورپ کے ممالک آزاد ہوئے اور اپنی قومی ریاستوں کی بنیاد ڈالی۔ دوسری جنگ عظیم کے بعد یورپی سامراج سے آزاد ہونے والے ملکوں نے بھی تاریخ کی مدد سے اپنی قومیت کی تشکیل کی۔

قومیت کی اس تشکیل میں تاریخ کو کئی پہلوؤں سے استعمال کیا گیا۔ اس کی وجہ یہ تھی کہ غیر ملکی تسلط کے دوران ان کی تاریخ کے ماخذ اور یادگاروں کو یا تو تباہ و برباد کر دیا گیا تھا یا انہیں خستہ حالت میں چھوڑ دیا گیا تھا۔ اس لیے نئی قومی ریاستوں کو اپنے ماضی کی تلاش میں اس کے آثار کو دریافت کرنے میں مشکلات رہی تھیں۔ مثلاً جنوبی امریکہ میں میکسیکو کی ریاست نے اپنے ماضی قریب کو دریافت کیا اور اپنی تاریخ کو وہاں سے شروع کر کے اسے جدید عہد تک لائے۔ لیکن دیگر جنوبی امریکی ممالک کو یہ دقت پیش آئی کہ ان کی تہذیبوں کو ہسپانوی اور پرتگیزی حکمرانوں نے تقریباً مٹا دیا تھا۔ ان کی قدیم تہذیبیں جن میں مایا اسٹیک اور انکا شامل تھیں، وہ حملہ آوروں کے ہاتھوں برباد کر دی گئی تھیں۔ اس لیے ان ملکوں کا تعلق بس سپین اور پرتگال سے تھا اور ان کے قدیم باشندے سیاسی اور مذہبی تسلط کی وجہ سے اپنے ماضی کو فراموش کر چکے تھے۔ مقامی باشندے اس قابل ہی نہ تھے کہ اپنی تاریخ لکھتے اور خود کو تاریخی گمنامی سے نکالتے۔

ان ملکوں میں اس وقت تبدیلی آئی جب سپین اور پرتگال کے باشندے طاقت ور ہو گئے اور جب انہوں نے سپین اور پرتگال سے آزادی کی جدوجہد کی، تو مقامی باشندوں کو اپنے ساتھ ملا کر پرانے ماضی کو دریافت کرنا شروع کیا اور اپنی شناخت کو اس سے جوڑ لیا۔ اس کو مضبوط کرنے کی غرض سے پرانی تہذیبوں کے آثاروں کو دریافت کیا گیا اور ان تہذیبوں کی روایات سے آگہی حاصل کی گئی۔ یہی وجہ ہے کہ جنوبی امریکہ کی ریاستوں کی قومیت کی تشکیل از سر نو ہوئی۔

ہابس برگ ایمپائر کے ختم ہونے کے بعد مشرقی یورپ کے وہ ممالک جو اس کا حصہ تھے، انہوں نے اپنی قومی ریاستیں قائم کیں اور اپنی جدید تاریخ میں خود کو ہابس برگ ایمپائر سے جدا کر کے اپنی قومیت کی بنیاد رکھی۔ اس سلسلے میں پولینڈ کا ذکر ضروری ہے۔ پولینڈ کو تین بار آسٹریا، روس اور پروشیا نے ٹکڑے ٹکڑے کر کے آپس میں تقسیم کر لیا تھا، جس کی وجہ سے اس کی آزاد حیثیت نہیں رہی تھی۔ یہ پولینڈ کے مؤرخوں کا جذبہ تھا کہ انہوں نے اپنے ملک کا سیاسی وجود باقی نہ رہنے پر بھی اس کے جغرافیائی وجود کو تاریخ کے ذریعے زندہ رکھا۔ ان میں سے بیشتر وہ مؤرخ تھے، جنہوں نے جلاوطنی میں زندگی گزاری اور پولینڈ کی تاریخ پر تحقیق کرتے رہے۔ لہٰذا جب پولینڈ سیاسی لحاظ سے آزاد ہوا، تو اس کی تاریخ نے اس کے وجود کو تسلسل کے ساتھ ثابت کیا۔

یورپی سامراج سے آزادی کے بعد سب سے زیادہ مشکل افریقہ کے نو آزاد ملکوں کو ہوئی کیونکہ سامراج نے جاتے وقت افریقہ کا جغرافیہ ہی بدل ڈالا تھا۔ جو نئے ملک آزاد ہوئے، ان کی قبائلی شناخت اور سرحدوں کا تعین اس انداز سے کیا گیا کہ ان ملکوں کے درمیان سیاسی جھگڑے اور جنگیں ہوتی رہیں۔ چونکہ

افریقہ کی آبادی قبیلوں کی صورت میں ہے، اس لیے ان قبیلوں کو متحد کر کے انہیں قوم کی شکل دینا بہت مشکل تھا۔ بہر حال مؤرخین نے یہ کوشش تو کی ہے یوں کسی قومی ریاست کے اندر رہنے والوں کو قوم بھی بنایا۔

برصغیر ہندوستان میں بھی کسی ایک قوم کا وجود نہ تھا۔ جغرافیائی طور پر ہندوستان مختلف علاقوں میں بٹا ہوا تھا۔ جنوبی اور مشرقی ہندوستان تہذیبی طور پر ایک دوسرے سے مختلف تھے۔ ان کا ماضی اور تاریخ بھی جدا تھے۔ سامراج سے آزادی کے دوران ہندوستان کے مختلف علاقے اکٹھا ہوئے اور ان میں قومیت کا جذبہ ابھرا۔ لیکن پھر اسی قومیت کے جذبے نے ہندوؤں اور مسلمانوں کو آپس میں تقسیم بھی کر دیا۔ ہندوؤں نے اپنی قومیت کی بنیادوں کو قدیم ہندوستان کی تاریخ میں تلاش کیا تو مسلمانوں نے اپنی تاریخ کو اسلامی تاریخ سے ملا کر علیحدہ شناخت کی تشکیل کی، جس کی وجہ سے 1947ء میں ہندوستان ان دو قومیتوں میں تقسیم ہو گیا۔

اگرچہ تاریخ قومیت کی تشکیل کرتی ہے مگر ایسا بھی ہوتا ہے کہ مؤرخ قومی مفادات کے مدنظر تاریخ کو بدلتے بھی رہتے ہیں اور ان واقعات کو سامنے لاتے ہیں، جو قومیت کے مفاد میں ہوں۔ مگر جہاں واقعات ان کے نظریے سے متضاد ہوں، وہاں وہ انہیں نظر انداز کر دیتے ہیں۔ اس لیے یہ کہنا مشکل ہے کہ تاریخ کی مدد سے قومیت کی تشکیل دیرپا ہوتی ہے یا پھر اسے تاریخ ہی کے ذریعے بدل کر دوبارہ سے قومیت کے ایک نئے جذبے کو ابھارا جاتا ہے۔

(بشکریہ قومی آواز، 21 نومبر 2022)

کلچرل نیشنلزم کے نمایاں خدوخال
شمس الضحیٰ

وحشت سے مدنیت کی طرف انسان کا پہلا قدم اٹھتے ہی ضروری ہو جاتا ہے کہ کثرت میں وحدت کی ایک شان پیدا ہو اور مشترک اغراض و مصالح کے لیے متعدد افراد آپس میں مل کر تعاون اور اشتراک عمل پیدا کریں۔ تمدن کے ارتقاء کے ساتھ ساتھ اس اجتماعی وحدت کا دائرہ بھی وسیع سے وسیع تر ہوتا چلا جاتا ہے۔ یہاں تک کہ انسانوں کی ایک بڑی تعداد اس میں داخل ہو جاتی ہے۔ اس مجموعہ افراد کا نام قوم ہے۔ قوم اور قومیت جس ہیئت کا نام ہے وہ بابل، روم، مصر اور یونان میں ویسی ہی تھی جیسے آج مغرب یا دیگر ممالک میں ہیں۔

قومیت کا آغاز ایک معصوم جذبے سے ہوتا ہے۔ اس کا مقصد یہ ہے کہ ایک خاص گروہ کے لوگ اپنے اشتراک مفاد اور مصالح کے لیے عمل کریں۔ اس اجتماعی ضرورت کے لیے ایک 'قوم' بن کر رہیں۔ لیکن جب ان میں قومیت پیدا ہو جاتی ہے تو لازمی طور پر 'عصبیت' اس پر غالب آ جاتی ہے۔ اور یہ جذبہ روز بروز شدید سے شدید تر ہوتا جاتا ہے۔ حتیٰ کہ وہ ایک غیر مرئی حصار کے اندر محصور ہو جاتی ہے۔ یہ قومیت حصار کے اندر اور باہر والوں کے درمیان امتیازی سلوک شروع کر دیتی ہے۔ خود کو وہ دوسروں پر ہر طرح سے ترجیح دینا شروع کر دیتی ہے۔ حصار سے باہر والوں کے مقابلے میں وہ حصار کے اندر والوں کی بے جا حمایت بھی شروع کر دیتی ہے۔ اس میں جارحیت پیدا ہو جاتی ہے۔ وہ دوسروں کے بنیادی حقوق کو بھی پامال کر کے اپنی برتری قائم کرنے کی سعی میں مشغول ہو جاتی ہے۔ انہی وجوہ سے ان میں صلح بھی ہوگی اور جنگ بھی لیکن رزم ہو یا بزم قومیت کا غیر مرئی حصار قائم رہے گا۔ اسی کا نام عصبیت ہے اور قومیت کی یہ لازمی خصوصیت ہے جو اس کے

ساتھ ہی پیدا ہوتی ہے۔

قومیت کی بنیادیں

اشتراک نسل

اشتراک مرز بوم

لسانی قومیت

اشتراک رنگ

ثقافتی قومیت

یہ ساری قومیتیں بنی نوع انسانی کے لیے شدید مصیبت بلکہ ہلاکت ہیں۔انہوں نے عالم انسانی کو سینکڑوں حصوں میں منقسم کردیا ہے۔آپسی عناد کی اس نے وہ بنیاد رکھی ہے جو آسانی سے ختم نہیں ہوسکتی۔ایک نسل دوسری نسل میں تبدیل نہیں ہوسکتی۔ایک وطن دوسرا وطن نہیں بن سکتا۔ایک زبان بولنے والے دوسری زبان بولنے والے نہیں ہوسکتے۔ایک رنگ دوسرا رنگ نہیں بن سکتا۔ایک قوم کی معاشی اغراض بعینہ دوسری قوم کے معاشی اغراض نہیں بن سکتیں۔ایک ثقافت کبھی دوسری ثقافت کو نہیں اپنا سکتی۔جو قومیتیں ان بنیادوں پر تعمیر ہوتی ہیں، ان میں مصالحت کی راہیں مسدود ہوتی ہیں۔ان میں عصبیت جنونی کیفیت طاری کردیتی ہے۔وہ ایک دوسرے کے خلاف مسابقت، مزاحمت اور مناقشہ کی ایک دائمی کشمکش میں مبتلا رہتی ہیں۔ان میں جارحیت پیدا ہوجاتی ہے۔ایک دوسرے کو فنا کردینے کی سعی تیز سے تیز تر ہوتی جاتی ہے۔وہ ایک دوسرے کے خلاف صف آرا ہوجاتی ہیں۔باہمی کشمکش ایک دوسرے کو فنا کرتی رہتی ہیں ہے۔یہ اس زمین پر فساد، خلفشار، شرارت، جور و ظلم اور بدامنی کا ایک مستقل سرچشمہ ہے۔

ان ساری جاہلانہ عصبیتوں کو بڑے ہی منظم طریقے سے مفاد پرست اپنے مفادات کی تکمیل کے لیے ہوا دیتے ہیں۔عوام تو غیر شعوری طور پر اس کا حصہ بن جاتی ہے۔فتنہ پرور اور شاطر قوتیں پس پردہ رہ کر ایسی ذہن سازی کرتی ہیں کہ عام انسانی ذہن ماؤف ہوجاتا ہے۔اس کے لیے ذرائع ابلاغ کا خوب استعمال کیا جاتا ہے۔عوام سے خیر و شر کی تمیز چھین لی جاتی ہے۔ان کی عقل غیر محسوس طور پر سلب کرلی جاتی ہے۔اسے حق و باطل، صداقت و دیانت سے کوئی سروکار نہیں ہوتا۔اس پر حیوانیت اس قدر طاری کردی جاتی ہے کہ وہ اشرف المخلوقات کے دائرے سے باہر ہوجاتا ہے۔وہ غیر محسوس طور پر خود کو نفرتوں کا سوداگر بنالیتا ہے۔جبر، چیرہ دستی اور حق تلفیوں کو اپنا وطیرہ بنالیتا ہے۔اسلام اور جاہلانہ قومیت کے فرق کو اس مثال سے سمجھا جاسکتا ہے کہ حضرت بلال حبشی ایک سیاہ فام غلام تھے جن کو خلیفہ وقت حضرت عمرؓ یا سَیِّدِی کہہ کر مخاطب کرتے تھے۔

جبکہ تشکیری (جو بیچوانا لینڈ کے بامنگ واٹو قبیلے کا سردار تھا) کو سلطنتِ برطانیہ نے اس وجہ سے اقتدار سے محروم کر دیا کہ اس نے ایک یوروپین کو کسی جرم میں سزا دے دی۔ آئنسٹائن جیسے معروف سائنسداں کو جرمنی اس لیے چھوڑنا پڑا کہ وہ یہودی ہے۔ جبکہ صہیب رومیؓ اور سلمان فارسیؓ عرب نہیں تھے مگر ان کا مسلمانوں میں اعلیٰ مقام تھا۔ امریکہ میں آج بھی سیاہ فاموں سے صرف اس لیے سفید فام نفرت کرتے ہیں کہ وہ سیاہ فام ہیں۔ افغانیوں، عراقیوں، شامیوں، ویت نامیوں وغیرہ پر اس لیے بم برسائے جاتے ہیں کہ وہ یوروپین یا امریکی نہیں ہیں۔ اس پر انسانی حقوق کی تمام تنظیمیں لب بہ مہر ہو جاتی ہیں۔ انجمن اقوام متحدہ تک بے حس ہو جاتی ہے۔ یہ عصبیت نہیں تو اور کیا ہے؟ ارسطو جیسا بلند پایہ مفکر اپنی کتاب "سیاست" میں کہتا ہے کہ "فطرت نے وحشی قوموں کو صرف اس لیے پیدا کیا ہے کہ وہ غلام بن کر رہیں۔ نوع انسانی کے ایسے طبقات کو غلام بنانے کے لیے جنگ کی جائے جنہیں فطرت نے اسی غرض سے پیدا کیا ہے۔" یونانیوں کے یہاں وحشی کے معنی غیر یونانیوں کے تھے۔ ان کا بنیادی تصور یہ تھا کہ یونانیوں کے حقوق غیر یونانیوں سے زیادہ ہیں۔ کیوں کہ وہ اعلیٰ وارفع ہیں۔ جیسے حال میں مغرب نے "تہذیبوں کا تصادم" کے نام پر فتنہ پھیلا رکھا ہے۔ اور خود کو دوسروں سے برتر تصور ہی نہیں کر رہے ہیں بلکہ بزور قوت دوسروں کو یہ ماننے پر مجبور کر رہے ہیں۔ ہندوستان میں اسی ذہنیت نے "ورن آشرم" کو جنم دیا۔ اور پوری قوم چار طبقات میں منقسم کر دی گئی۔ اعلیٰ اور ادنیٰ کی تفریق نے انسانیت سوز اخلاق کا مظاہرہ کیا جن کو شودر کہا گیا ان کو تمام حقوق سے محروم کر دیا گیا، یہاں تک کہ وہ ویدوں کے منتر کو سن بھی نہیں سکتے تھے۔

ہندوستانی معاشرہ اور قوم پرستی

ہندو قوم پرستی آج بھی نہ صرف موجود ہے بلکہ شدید سے شدید تر ہوتی جا رہی ہے۔ ڈاکٹر بھیم راؤ امبیڈکر نے اپنی ایک کتاب Revolution and Counter Revolution in Ancient India کے ایک باب "برہمن واد کی فتح" میں لکھا ہے کہ بھارت میں "بھارتیہ سنسکرتی" نام کی کوئی سنسکرتی نہ کبھی تھی اور نہ اب ہے۔ پہلے ویدک سنسکرتی تھی جو یوگیوں کی تہذیب تھی۔ جس میں برہمنوں کا بول بالا تھا۔ اس کے بعد بودھ تہذیب کا عروج ہوا پھر برہمن واد آیا، اس نے پھر سے ویدک تہذیب کو فروغ دیا اور بودھ تمدن کو ختم کرنے کا بیڑا اٹھایا۔ اب ان باہم متصادم تہذیبوں میں سے کسی ایک کو بھارتیہ سنسکرتی کیسے کہا جا سکتا ہے؟"

ایک بات ذہن نشین رہے کہ ہندو راشٹر واد یا ہندو نیشنلزم کے موجودہ تصور کا بانی وی ڈی ساورکر

ہے۔جس نے سب سے پہلے 1923 میں اپنی کتاب میں "ہندوتوا" کی اصطلاح کا استعمال کیا، اس سلسلے میں یہ یاد رکھنا بہت ضروری ہے کہ یہ لفظ سنسکرت ہی نہیں کسی بھی ہندوستانی زبان کا نہیں ہے۔ساورکر کو خود اس بات کا یقین نہیں تھا کہ ان کی نو ایجاد اصطلاح مقبول ہوگی۔اس لیے انھوں نے اپنی کتاب "ہندوتوا" کے پہلے ایڈیشن میں کسی مراٹھا کا بحیثیت مصنف نام دیا۔لیکن جب 27 ستمبر 1925 کو انگریزوں اور کانگریس کے آشیرواد سے آر ایس ایس وجود میں آگئی، اس کو ایک فلسفہ چاہیے تھا، جس کو ساورکر کی کتاب نے فراہم کیا۔ تب کہیں جا کر دوسرے ایڈیشن میں ساورکر کا نام بحیثیت مصنف منظر عام پر آیا۔ایک اہم بات اس میں یہ بھی نظر آتی ہے کہ ساورکر نے "ہندوتوا" کی اصطلاح کی ایجاد کے ساتھ ساتھ ہندوستان کی قدیم فکر و روایات کو نیا مفہوم دینے اور اس کے دائرے کو وسیع کر کے مذہب، عظیم شخصیات، تہذیب، نسل اور جغرافیائی حدود وغیرہ کو بھی لانے کی کوشش کی ہے۔ان کی یہ مہم کانگریس اور انگریزوں کی نوازشات سے اس قدر کامیاب ہوئی کہ اس نے اکثریتی فرقے کی اکثریت کے ذہن کو مسموم کر دیا۔حتیٰ کہ منفی راشٹرواد پر بحث، گفتگو، اس کی تردید یا سماج کو اس کی خامیاں اور نقصانات بتانے کے لیے بھی ہندوتوا کی اصطلاح کا ہی استعمال کرنا پڑا اور حقیقت بھی یہی ہے کہ اس کے استعمال کے بغیر اس نوزائدہ نیشنلزم کا تعارف بھی نہیں کرایا جا سکتا۔غضب تو یہ ہے کہ اس تحریک کو ہماری عدالت عظمیٰ نے ثقافتی تحریک بنا دیا۔اس نے اپنے ایک فیصلے میں کہہ دیا کہ ہندوا یک ثقافت کا نام ہے۔اس عدالتی سرٹیفکیٹ نے ہندو راشٹرواد کو بہت بڑھاوا دیا۔ملک کو "ہندوتوا" کے رنگ میں رنگا جانے لگا۔اس فلسفے کو تہذیب کا نام دے دیا گیا۔اس کے بعد اب اس کو ہندو راشٹرواد کہا جانے لگا۔

کلچرل راشٹرواد

اب یہ کلچرل راشٹرواد کیا ہے۔گولوالکر کی زبان سے سنئے: "نسل جس کے ساتھ کلچر اور زبان اس قدر مربوط ہیں کہ ان کو ایک دوسرے سے الگ نہیں کیا جا سکتا۔جب کہ مذہب سب کو اپنے اندر جذب کرنے والی وہ قوت نہیں ہے.......... اب یہ جیسا کہ ثابت ہو چکا ہے اور اس میں کوئی اختلاف نہیں ہے کہ ہندوستان ہندوؤں کا ہے۔اور یہ صرف ہندوتوا کے پھلنے پھولنے کی بہترین جگہ ہے۔تو ان تمام لوگوں کا کیا ہوگا جو اس ملک میں رہ رہے ہیں۔جب کہ ان کا ہندو مذہب، نسل اور ثقافت سے کوئی تعلق نہیں ہے؟ ہمیں شروع سے ہی یہ بات ذہن نشین رکھنا چاہیے کہ جہاں تک راشٹر کا تعلق ہے۔جو لوگ بھی اس نظریہ کے پانچ مدوں سے باہر ہیں، ان سب کے لیے قومی زندگی میں کوئی جگہ نہیں ہوگی۔جب تک کہ وہ اختلافات کو ختم نہ کر دیں اور راشٹر کے دھرم، تہذیب اور زبان کو اختیار نہ کر لیں اور خود کو پوری طرح راشٹریہ نسل میں ضم نہ کر لیں .... اگر وہ

ایسانہیں کرتے تو وہ راشٹریہ نسل کی مہربانی سے غیر ملکی کی حیثیت سے رہیں گے۔ وہ راشٹریہ نسل کے تمام ضابطوں اور قوانین کی پابندی کریں گے، اور کسی حق یا امتیاز کے مستحق نہ ہوں گے۔ بیرونی عناصر کے لیے صرف دو ہی راستے ہیں یا تو وہ خود کو راشٹریہ نسل میں ضم کرلیں یا اس کے کلچر کو اختیار کرلیں۔ یا اس کے رحم وکرم پر اس وقت تک رہیں جب تک راشٹریہ نسل اس حالت میں رہنے دے یا راشٹریہ نسل کی مرضی پر ملک کو چھوڑ دیں۔"

آگے لکھتے ہیں:

"اس لحاظ سے پرانی ہوشیار قوموں کے تجربات کے پیش نظر ہندوستان میں بیرونی نسلوں کو یا تو ہندو تہذیب اور زبان کو اختیار کرنا چاہیے۔ ہندو دھرم کا احترام کرنا چاہیے۔ ہندو نسل اور تہذیب وثقافت کی ستائش کے علاوہ کوئی نظریہ نہیں اختیار کرنا چاہیے۔ اور اپنی علیحدہ شناخت وتشخص کو ترک کر کے خود کو ہندو نسل میں ضم کر دینا چاہیے۔ اگر یہ نہیں تو ملک میں پوری طرح ہندو راشٹر کے ماتحت بن کر رہنا چاہیے۔ اور کسی حق کا دعویٰ نہیں کرنا چاہیے۔ ترجیحی سلوک کی بات تو دور وہ کسی مراعت کے بھی حق دار نہ ہوں گے۔ اور حقوق شہریت کے بھی طالب نہ ہوں گے۔ ان کے لیے کوئی دوسرا راستہ نہیں ہوگا.......... صرف وہی لوگ نیشنلسٹ اور محب وطن ہیں جو ہندو نسل سے ہیں اور راشٹر کی ستائش کا جذبہ دل میں رکھتے ہیں.......... باقی سب لوگ یا تو غدار ہیں، راشٹریہ مقاصد کے دشمن ہیں یا کم از کم احمق ہیں۔"

(*We or Our Nation defined* pages 34,35,45,47)

یعنی یہ ہندو وادی، منو وادی یا برہمنی وادی اپنے علاوہ کسی کی شناخت، تشخص، طرزِ زندگی حتیٰ کہ ان کے وجود کو برداشت نہیں کرتے۔ سابق صدر جمہوریہ رادھا کرشنن نے واضح الفاظ میں لکھا ہے کہ نظریے میں کھلا پن، آزادی لیکن عمل میں شدت اور کٹر پن تاریخ کے ابتدائی عہد سے ہی ہندوؤں کی خصوصیت رہی ہے۔

(*Indian Philosophy*, Vol.1,P.597)

ہندو نیشنلزم کو کلچرل نیشنلزم کا نام دے کر ہندو مذہب سے انحراف ہی نہیں بلکہ ایسے Nation کی تشکیل ہے جس میں تمام تر بالادستی ہندوا کثریت کے برہمن وادیوں کو حاصل ہو، تاکہ دیگر نسلی، ثقافتی یا مذہبی، اقلیتیں اپنی مذہبی، معاشرتی، تہذیبی شناخت کو ختم کر کے ان کے ہی طور طریقے اور مذہب کو اختیار کرلیں۔ اس پوری سازش کو سمجھنے کے لیے دین دیال اپادھیائے کے نظریات وافکار کو شائع کرنے والے اشاعتی ادارے، سروچی پرکاشن کی 7 جلدوں میں شائع پنڈت دین دیال اپادھیائے وچار درشن اور پربھات پرکاشن کی 15 جلدوں میں شائع کتاب "دین دیال اپادھیائے" کو دیکھا جاسکتا ہے۔ اور پربھات جھا کی کتاب سنسکرت

راشٹرواد کا بھی مطالعہ کیا جاسکتا ہے۔ یہ سارے نظریات کثرت میں وحدت یا وحدت میں کثرت کے بھی خلاف ہیں۔

اس میں شک نہیں کہ ڈاکٹر بھیم راؤ امبیڈکر ہندو راشٹرواد کے بالکل خلاف تھے، مگر اب RSS ان کو بھی ہندوتوادی اور ہندوتو کا نمائندہ بتانے لگی ہے۔ چند سالوں پہلے ایک RSS سے وابستہ 'یشونت سنگھ بھاوے' نام کے ایک مصنف نے ایک کتاب "جدید ہندوتری مورتی" لکھی۔ جس میں آر ایس ایس کے بانی کیشو بلی ہیڈ گیوار کے ساتھ گاندھی اور ڈاکٹر امبیڈکر کو بھی ہندوتوا کے نمائندوں اور محافظوں میں شمار کیا ہے۔ جب کہ ان کے نظریات سے گاندھی جی کا کوئی واسطہ ہے نہ امبیڈکر کا ہی۔ امبیڈکر تو ہندوتوا اور ہندو دھرم کے سخت ناقدرہے ہیں۔ انھوں نے تو ہندوتوا اور ہندو دھرم دونوں کو سماج کے لیے لعنت قرار دیا ہے۔ یہ ویسے ہی ہے جیسے ہندوؤں نے "مہاویر جین اور گوتم بدھ" دونوں کو وشنو کا اوتار بنا دیا، جب کہ ان دونوں نے ہندو دھرم سے بغاوت کی۔ گرونانک کو بھی ہندو بنا دیا جو اس کے کٹر مخالف تھے۔ اور اب دستورِ ہند میں بھی جین دھرم، بودھ دھرم اور سکھ مذہب کو ہندو مذہب کا حصہ قرار دے دیا گیا ہے۔

ان ہندو نیشنلسٹوں کو کوئی بھی مشترک علامت تک منظور نہیں۔ 14 اگست 1948 کو آر ایس ایس کے انگریزی ترجمان "Organiser" نے لکھا تھا "جو لوگ قسمت سے اقتدار میں آگئے ہیں وہ ہمارے ہاتھوں میں ترنگا دے سکتے ہیں۔ لیکن ہندو اسے قبول نہیں کریں گے۔ اور نہ ہی اس کا احترام کریں گے۔ لفظ تین خود ہی اپنے آپ میں ایک برا تاثر ہے۔ اور جس جھنڈے میں تین رنگ ہوں گے وہ یقینی طور پر بہت برے اثرات ڈالے گا۔ اور ملک کے لیے بہت ہی مضر اور نقصان دہ ثابت ہوگا۔"

ثقافتی نیشنلزم کیا ہے اس کو سمجھنے کے لیے گولوالکر کے خیالات کو پڑھئے۔ آئین ہند کے بارے میں لکھتے ہیں: "ہمارا آئین ایک ضخیم اور بھدا دستاویز ہے۔ جس میں مغربی ممالک کے مختلف دستوروں سے مختلف قسم کے مواد کو ایک دوسرے میں متضاد شکل میں گھسا دیا گیا ہے۔ اس میں ایسا کچھ نہیں ہے جس کو اپنا کہا جاسکے۔ کیا اس کے رہنما اصولوں میں حوالے کے لیے بھی کوئی ایک حوالہ ہے کہ ہمارا قومی مشن کیا ہے۔ زندگی میں ہمارا اصل پیغام کیا ہے۔ بالکل نہیں۔" (Bunch of Thoughts P 238) 26 جنوری 1950 کو آئین ہند کا نفاذ عمل میں آیا، اس کے چار دن بعد Organiser نے اس پر یوں تبصرہ کیا: "ہمارے دستور میں قدیم بھارت میں ہونے والی شاندار دستوری ترقی کا کوئی ذکر نہیں ہے۔ آج تک منو کے قوانین جیسا کہ منواسمرتی میں بتائے گئے ہیں دنیا سے داد تحسین وصول کر رہے ہیں اور ان کو بے چوں و چرا مانا جاتا ہے۔ اور ان پر عمل ہوتا ہے۔ مگر ہمارے دستور کے ماہرین کے نزدیک یہ سب کچھ نہیں۔"

یہ وہی ہندوتواوادی نیشنلزم ہے جس کو ملک پر مسلط کرنے کی کوششیں ہورہی ہیں۔

قوم پرستی خواہ جیسی بھی ہواس کے جلو میں منفی عنصر ہوتے ہی ہیں۔آج جس طرح کلچرل نیشنلزم کی آڑ میں اپنی برتری کی کوشش ہورہی ہے اس نے بنی نوع انسانی کوتباہ کردیا ہے۔کلچرل نیشنلزم اس کے علاوہ کچھ نہیں کہ اکثریت اقلیت کی شناخت کو ہی نہیں اس کے وجود کو بھی ختم کردے۔ ہرقوم کی اپنی ثقافت اور اپنی زبان، اپنی بودوباش، اپنا لباس، اپنی روایات ورسوم ہوتے ہیں۔اپنا عقیدہ اور اپنا مذہب ہوتا ہے۔اس پر جبر حقوق انسانی کے خلاف ہے۔انسانیت سوز ہے۔ پرآشوب ہے۔کلچرل قومیت کوسب پر مسلط کرنا ایک جرم عظیم ہے۔

مسلمانوں کی حالت زار

مسلمانوں کی بھی اپنی تہذیب اور اپنی ثقافت ہے۔جس کوختم کرنے کے لیے آج باطل متحد ہے۔ ان کی کامیابی صرف اور صرف ہمارے نفاق میں مضمر ہے۔ ہمارا اتحادان کی ناکامی کی ضمانت ہے۔اپنے تشخص کومحفوظ رکھنا ہم پر فرض ہے۔اگر ہمارا تشخص ہی ختم ہوگیا تو بہت جلد ہمارا وجود بھی ختم ہوجائے گا۔ایک بات ذہن نشین رکھیں بھارت ہمارا ملک ہے۔ ہمارے اجداد نے اپنے خون سے اس کوسینچا ہے۔ہم یہاں پر پناہ گزیں نہیں بلکہ یہاں کے معزز شہری اور محب وطن ہیں۔ہم اس ملک کی سرحدوں کی حفاظت کے لیے اپنی جانوں کی قربانی دے سکتے ہیں۔ویسے اپنے حقوق وشناخت کے تحفظ کے لیے قربانیاں دینی پڑیں گی۔ہم کو قانونی اور دستوری جنگ لڑنی پڑے گی۔ہم وطنوں کے ساتھ مل کر ملک وقوم کا تحفظ کرنا ہوگا۔مسلمانوں میں آج تعلیم سے زیادہ اتحاد کا فقدان ہے۔سب سے بڑا مسئلہ ان کا اسلام سے نابلد ہونا ہے۔حرص وہوس ہے۔ قرآن وسنت سے دوری ہے۔ مایوسی اور شکست خوردہ ذہنیت ہے۔خوف کو اپنے اوپر مسلط کرلینا ہے۔آج مسلمانوں میں فہم وفراست معدوم ہوتی جارہی ہے۔ان کی شکست خوردہ ذہنیت نے ان سے شعور کو چھین لیا ہے۔غیر اسلامی تصورات اپنے عروج پر ہیں۔اکثریت مادہ پرست ہوچکی ہے۔ذات، برادری اور مسلکی تعصب نے مسلمانوں کے اتحاد کو پارہ پارہ کردیا ہے۔ضمیر فروش سیاسی رہنماؤں نے بھی ہمارے اتحاد کوختم کیا ہے۔وہ اپنی پارٹی اور خود اپنے مفادات کو اجتماعی مفادات پر ترجیح دیتے ہیں۔وہ ملت کے نہیں اپنے مفادات اور اپنی پارٹی کے وفادار بنے ہوئے ہیں۔علاقائیت، برادری، تعصب اور مسلکی تعصب کے علاوہ مرعوب ذہنیت نے ملت کو کافی نقصان پہنچایا ہے۔سمع وطاعت کا عنصر اس سے ناپید ہوچکا ہے۔اخلاقی زوال اپنے عروج پر ہے۔وہ ملت پر ہورہے چوطرفہ یلغار کا شعور نہیں رکھتے۔اس لیے آج اپنے تشخص کو برقرار رکھنے کے

لیے مسلمانوں میں ایک بیداری کی مہم چلانے کی ضرورت ہے۔ کلچرل نیشنلزم قومیت کی سب سے خطرناک شکل ہے۔ کیونکہ یہ غیر محسوس طور پر ہماری شناخت و تشخص کو ہی ختم نہیں کرے گا بلکہ مسلمان البانیہ اور سوویت یونین کے مسلمانوں کی طرح ہو جائیں گے۔ نام اور ولدیت تو ہو سکتا ہے کہ عربی ہو مگر ان میں اسلام باقی نہ رہے گا۔

(بشکریہ رفیق منزل، جولائی 2019)

قوم اور قومیت کے تصورات اور سرسید احمد خان

ڈاکٹر سید جعفر احمد

سرسید کے حوالے سے عام طور سے یہ سمجھا جاتا ہے کہ وہ متحدہ ہندوستانی قومیت سے مسلم قومیت کے تصور کی طرف آئے۔ سرسید کی اپنی تحریروں اور تقریروں کا بغور جائزہ لیں تو یہ دلچسپ بات سامنے آتی ہے کہ وہ مسلمانوں کو ایک قوم کہنے کے بعد بھی بعض مواقع پر ہندوستان کے سب شہریوں بشمول مسلمانوں کے، ایک قوم کے طور پر زیر بحث لا رہے تھے۔ اس کی چند ایک مثالیں ہم آگے چل کر پیش کریں گے۔

حقیقت یہ ہے کہ ہندوستان میں قوم اور قومیت کے مباحث جن مختلف اہلِ دانش کی تحریروں میں جگہ پانے لگے تھے ان میں راجہ رام موہن رائے اور سرسید احمد خان دونوں ہی پیش پیش تھے۔ یہ مباحث ایک ایسے وقت میں شروع ہوئے تھے جبکہ ہندوستان میں قوم سازی کا وہ عمل اپنے تشکیلی دور سے گزر رہا تھا، جس نے یورپ میں قوم سازی کی تھی یعنی یورپ میں جس طرح جاگیرداری کے خاتمے اور تجارتی سرمایہ داری کے فروغ کے ساتھ قومی ریاستیں بننا شروع ہوئی تھیں اور جس طرح اس عمل کو صنعتی انقلاب نے غیر معمولی طور پر مہمیز کیا تھا وہ سماجی انقلاب ابھی ہندوستان میں وجود میں نہیں آیا تھا۔

یہ ضرور تھا کہ ہندوستان کے اندر داخلی طور پر اور ہندوستان اور بیرونی دنیا کے درمیان خارجی طور پر تجارتی سرگرمیاں سولہویں اور سترہویں صدیوں میں قابلِ لحاظ حد تک وجود میں آچکی تھیں لیکن صنعتی انقلاب کی منزل فی الحال دور تھی۔ سب سے بڑھ کر یہ کہ جاگیرداری یہاں موجود تھی جس کو ایسٹ انڈیا کمپنی اور بعد ازاں برطانوی استعمار نے نہ صرف استحکام فراہم کیا بلکہ استعماری معیشت کے تقاضوں کے پیش نظر جس حد تک ضروری تھا اور جن شعبوں میں ضروری تھا وہاں ہندوستان کی زرعی معیشتوں کو عالمی سرمائے کے ساتھ مربوط کیا

اور یوں وہ طرزِ پیداوار جس کو معروف مفکر حمزہ علوی نے استعماری طریقۂ پیداوار Colonial Mode of Production قرار دیا تھا، وجود میں آئی۔

دلچسپ بات یہ ہے کہ ہندوستان میں جب قوم اور قومیت کی مہم شروع ہوئی تو اس کے علمبرداروں میں زرعی اشرافیہ، تجارتی اور مالیاتی سرمایے سے بننے والی اشرافیہ اور متوسط طبقہ، سب پیش پیش تھے۔ ان طبقوں کے اقتصادی مفادات مختلف اور بعض اوقات متصادم بھی ہو سکتے تھے لیکن ان کی مشترک قدر یہ تھی کہ اپنے سیاسی اہداف کے حصول کی خاطر قوم کی اصطلاح ان سب کے لیے مفیدِ مطلب تھی۔

سرسید کے قوم اور قومیت کے حوالے سے خیالات کا جائزہ لیا جائے تو صاف نظر آتا ہے کہ سرسید اپنے زمانے کی رفتار کے ساتھ چل رہے تھے، وہ اپنے دور کے ترجمان تھے۔ اس دور میں جو کچھ ان کے گردو پیش میں ہو رہا تھا وہ ان کی تحریروں میں موجود ہے۔ جو تضادات ان کے عہد کے تھے اُن کا عکس بھی ان کے ہاں نظر آتا ہے لیکن سرسید ان کے ساتھ ساتھ ایک مدبر بھی تھے۔ وہ آنے والے کل کو دیکھنے کی استطاعت بھی رکھتے تھے اور اس حوالے سے انہوں نے مسلمانوں کی رہنمائی کا فریضہ بھی سرانجام دیا۔

سرسید احمد خان نے اپنی ابتدائی تحریروں میں مسلمانوں اور ہندوؤں کو ایک ہی قوم کا حصہ تصور کیا تھا اور یہ قوم ان کے خیال میں ہندوستان کی سرحدوں میں رہنے والے تمام باشندوں پر مشتمل تھی۔ ان باشندوں کی اپنی جداگانہ خصوصیات ہو سکتی تھیں لیکن یہ ہندوستان کی حدود میں رہنے کی مناسبت سے سرسید کے خیال میں ایک قوم کہلانے کی مستحق تھی۔

بعد ازاں سرسید نے ہندوستان کی اسی آبادی کے ایک حصے یعنی مسلمانوں کے لیے قوم کا لفظ استعمال کرنا شروع کیا مثلاً ۱۸۷۲ء میں نواب محمد عبدالطیف کی کلکتہ میں قائم کردہ محمڈن لٹریری سوسائٹی سے مخاطب ہوتے ہوئے انہوں نے کہا کہ یہ مسلمان قوم کی محبت ہے جس نے ان کو مسلمانوں کے لیے ایک جامع پروگرام بنانے پر آمادہ کیا ہے جس کا مقصد مسلمانوں کی تعلیمی، ثقافتی، سماجی اور سیاسی ترقی ہے۔ اُن کا خیال تھا کہ اسلام، ثقافت اور قوم کی تعمیر کے لیے اہم قوت کی حیثیت رکھتا ہے اور مذہب، قومیت کے تصور کا بنیادی جزو ہے۔

یہ ۱۸۷۲ء کی تقریر ہے۔ اس کے آس پاس کے زمانے میں بھی وہ مسلمانوں کو ایک قوم قرار دیتے رہے لیکن دلچسپ بات یہ ہے کہ ۱۸۷۲ء کی مذکورہ بالا تقریر کے بارہ سال بعد یعنی ۱۸۸۴ء میں اپنے دورۂ پنجاب کے موقع پر انہوں نے ایک مرتبہ پھر ہندوؤں اور مسلمانوں کے ایک قوم ہونے کا ذکر ایک سے زائد بار کیا۔ ایک موقع پر انہوں نے کہا کہ قوم کے لفظ سے میری مراد ہندو اور مسلمان دونوں ہیں۔

میرے خیال میں اس سے کوئی فرق نہیں پڑتا کہ اُن کا مذہب کیا ہے۔ ہم اُن کے عقائد کو نہیں دیکھ رہے ہوتے بلکہ جو چیز ہم دیکھتے ہیں وہ یہ ہے کہ ہندو اور مسلمان دونوں ایک ہی زمین پر رہتے ہیں۔ دونوں ایک ہی حکمران کے تحت رہتے ہیں۔ ان کے مفادات کے ذرائع ایک ہی ہیں۔ وہ مشکلات اور قحط سالی کو یکساں طور پر بھگتتے ہیں۔ یہی وہ مختلف اسباب ہیں جن کی بنا پر میں دونوں قومیتوں کو، ہندو یعنی ایک ایسی قوم سے تعبیر کرتا ہوں جو ہندوستان میں رہتی ہے۔

سرسید کے لیے یکساں سرزمین پر رہنا اہمیت کا حامل تھا۔ ایک موقع پر انہوں نے ہندوؤں اور مسلمانوں کو مخاطب کرتے ہوئے کہا کہ، کیا آپ دونوں ہندوستان سے باہر کہیں رہ رہے ہیں؟ کیا آپ ایک ہی مٹی پر جلائے یا اس میں دفن نہیں کیے جاتے؟ اور اگر ایسا ہے تو یاد رکھیں کہ ہندو اور مسلمان صرف مذہبی اصطلاحیں ہیں۔ ہندو، مسلمان یہاں تک کہ مسیحی بھی ایک قوم کا حصہ ہیں کیونکہ یہ ایک ہی ملک میں رہتے ہیں۔

اسی موقع پر سرسید نے اپنا وہ مشہورِ زمانہ جملہ کہا تھا کہ ہندوستان ایک خوبصورت دلہن کی حیثیت رکھتا ہے جس کی دو دلکش آنکھیں ہیں یعنی ہندو اور مسلمان۔ اگر وہ دشمنی اور نفاق کا رشتہ اپنے درمیان قائم کریں گے تو یہ دلہن ایک آنکھ سے محروم ہو جائے گی۔ انہوں نے اپنے سامعین سے پوچھا کہ ہندوستان کے رہنے والو، یہ آپ پر ہے کہ آپ کیا چاہتے ہیں۔ آپ اس دلہن کو بھینگا بنانا چاہتے ہیں یا آپ اس کی دونوں آنکھوں کو باقی رکھنا چاہتے ہیں۔

سوال یہ پیدا ہوتا ہے کہ ۱۸۸۴ء تک مسلمانوں کو ایک قوم کے ساتھ ساتھ ہندوستان کی سطح پر ایک ہندوستانی قوم کا حصہ قرار دینے والے سرسید نے بعد کے برسوں میں مسلمانوں کو ایک علیحدہ قوم کہنے پر اصرار کیوں شروع کیا۔ 'مسلمانوں کا روشن مستقبل' میں سید طفیل احمد منگلوری نے یہ رائے قائم کی ہے کہ سرسید کے خیالات میں تبدیلی کا موجب ان کے قائم کردہ ایم اے او کالج کے پرنسپل مسٹر تھیوڈور بیک (Theodore Beck) بنے جنھوں نے سرسید کو متحدہ قومیت کے تصور سے ہٹانے میں اہم کردار ادا کیا۔

تاریخ کے ایک طالبعلم کی حیثیت سے ہم مجبور ہیں کہ اُس زمانے میں وقوع پذیر ہونے والے زیادہ اہم اور دوررس اثرات کے حامل حقائق پر اپنی رائے کی بنیاد رکھیں۔ ہمارے خیال میں ۱۸۸۰ء کے عشرے میں کچھ چیزیں نمایاں ہو کر سامنے آچکی تھیں جن کے نتیجے میں سرسید کے خیالات میں تبدیلی واقع ہوئی۔ فارسی کی جگہ انگریزی کے سرکاری زبان بننے کے نتیجے میں اردو نچلی سطح کے انتظامی اداروں میں سرکاری زبان کے طور پر مستعمل ہونے لگی تھی۔ خاص طور سے پنجاب، شمال مغربی صوبوں اور بہار میں اردو انتظامیہ اور

عدالتوں کی زبان کے طور پر استعمال ہو رہی تھی۔

ہندو مسلم اتحاد کا ایک ذریعہ اردو بھی تھی اور ہندوستان میں کبھی متحدہ قومیت کو تقویت حاصل ہوتی تو اس میں اردو کا کردار لازماً موجود ہوتا۔ اس امر کی گواہی اس حقیقت سے ملتی ہے کہ ۱۸۵۰ء کے عشرے سے اردو کو ہندوستانی اشرافیہ میں مقبولیت حاصل ہو رہی تھی اور ۱۸۳۷ء میں لیتھوگراف پریس کے متعارف ہونے کے بعد اردو اخبارات اگلے دو عشروں میں بڑی تعداد میں شایع ہونا شروع ہو گئے تھے۔

محمد عتیق صدیقی اپنی تصنیف 'ہندوستانی اخبار نویسی کمپنی کے عہد میں' میں انکشاف کرتے ہیں کہ ۱۸۵۷ء سے قبل ہندوستان کے ایک تہائی اردو اخبارات ہندوؤں کی ملکیت تھے یا ہندوؤں کی ادارت میں شایع ہو رہے تھے۔ اردو کا یہ ہندوستان گیر کردار اُس وقت متاثر ہونا شروع ہوا جب ۱۸۶۰ء کے عشرے کے وسط میں بنارس میں بعض ہندو عمائدین نے اردو کے مقابلے میں ہندی کو فوقیت دینے کی پالیسی بنائی اور اس پر عمل پیرا ہوئے۔ یہ اردو اور ہندی کا تضاد خود سر سید کی سائنٹفک سوسائٹی کے اندر بھی جا پہنچا اور بابو شیو پرشاد جو خود اردو کے ایک اچھے ادیب تھے، نے سر سید کی سائنٹفک سوسائٹی میں یہ مہم شروع کروادی کہ سوسائٹی کی کارروائی اردو کے بجائے ہندی میں مرتب کی جائے۔

اس صورت حال نے سر سید کو سخت پریشان کیا اور انہوں نے ۲۹/اپریل ۱۸۷۹ء کو لندن سے ایک خط میں محسن الملک کو لکھا کہ اگر ایسا ہوا تو یہ ہندوؤں اور مسلمانوں کے درمیان ایک نہ ختم ہونے والی تقسیم اور کشمکش کا آغاز ثابت ہوگی، اس ناچاقی کا کبھی تدارک نہیں ہو سکے گا۔ جو دوسرا اہم سبب سر سید کے خیالات میں تبدیلی کا بنا وہ ایسٹ انڈیا کمپنی سے سلطنتِ برطانیہ کو ہندوستان کے اقتدار کی منتقلی کے بعد ہندوستان کی نوآبادی میں قائم کیے جانے والے نمائندہ ادارے تھے جن کے ارکان آغاز میں نامزدگی کے ذریعے مقرر ہونے تھے لیکن صاف نظر آ رہا تھا کہ وقت گزرنے کے ساتھ ساتھ نامزدگی کی جگہ انتخاب کا اصول رائج ہوتا چلا جائے گا اور یوں مسلمانوں کی اقلیتی حیثیت ان کو ایک مستقل سیاسی اقلیت بنانے کا سبب بن جائے گی۔ ایک تیسری چیز جس نے یقیناً سر سید کی توجہ اپنی طرف مبذول کروائی ہوگی وہ ہندوستان کی نوآبادی بن جانے کے بعد یہاں ایک خاص وقفے کے ساتھ مردم شماری کے انعقاد کا سلسلہ تھا۔

جب یہ سلسلہ شروع ہوا تو صاف ظاہر ہو گیا کہ مسلمان نہ صرف یہ کہ ایک اقلیت ہیں بلکہ اکثریت اور اقلیت کے درمیان ایک بہت بڑا اعددی فاصلہ موجود ہے۔ سو مستقبل کے سیاسی اداروں میں مسلمانوں کا ایک ثانوی حیثیت کا حامل بن جانا عین ممکن تھا۔ اس سلسلے میں چوتھا اہم سبب ۱۸۸۵ء میں آل انڈیا نیشنل کانگریس کا قیام تھا جو متحدہ ہندوستانی قومیت کے پلیٹ فارم کے طور پر ابھری تھی لیکن سر سید کے حساب سے

یہ پلیٹ فارم مسلمانوں کے مفادات کی تکمیل کا ذریعہ نہیں بن سکتا تھا۔

یہ وہ اسباب تھے جن کی بنا پر سرسید اپنی زندگی کے آخری حصے میں مسلم قومیت کے علمبردار بنے اور انہوں نے مسلمان قوم کی فلاح کا جو نقشہ اپنے ذہن میں تیار کیا اُس کی تفصیلات وہ اپنی تحریروں اور تقریروں میں بیان کرتے رہے۔ ان کا خیال تھا کہ مسلمانوں کو مستقبل میں جس سیاسی طاقت کی ضرورت ہوگی اور اپنے لیے سماجی و معاشرتی ترقی کا جو انتظام کرنا ہوگا اس کے لیے ناگزیر ہے کہ وہ تعلیم بلکہ جدید تعلیم کو اپنا مقصدِ اولین بنا لیں۔

یہ مقصد ہر چیز پر فائق ہونا چاہیے، یہاں تک کہ مسلمانوں کو کچھ عرصے کے لیے سیاست سے بھی دور رہنا چاہیے تاکہ وہ اپنی پوری توجہ تعلیم پر مرکوز کرسکیں اور ساتھ ہی ان کی حکومت وقت کے ساتھ مبارز آرائی کی کوئی صورت بھی پیدا نہ ہو۔ ان کا خیال تھا کہ انگریز کے ساتھ لڑنا تو دور کی بات ہے، مسلمانوں کو چاہیے کہ سلطنت برطانیہ کے وفادار شہری بن کر اور حکومت وقت کے لیے کوئی مشکل پیدا کیے بغیر صرف اور صرف تعلیم پر زور دیں تاکہ مستقبل میں وہ اس لائق ہوسکیں کہ اپنے سیاسی حقوق کے لیے بھی کھڑے ہوسکیں۔

قوم اور قومیت کے حوالے سے سرسید کے خیالات ایک خاص سیاسی و سماجی تناظر کے حامل رہے ہیں۔ اس تناظر ہی نے ایک وقت میں ان کو متحدہ قومیت کا، دوسرے وقت میں متحدہ اور مسلم دونوں قومیت کا اور تیسرے تناظر میں جداگانہ مسلم قومیت کا علمبردار بنایا۔

(بشکریہ روزنامہ جنگ، 13 اپریل 2022)

ہندو مسلم تعلقات اور جارحانہ قوم پرستی

ڈاکٹر احسان اللہ فہد

اسلام اور مسلمانوں کی آمد سے قبل بھی ہندوستان مختلف مذاہب کا مرکز رہا ہے عموماً یہاں کے لوگوں نے ایک دوسرے کا احترام کیا اور رواداری وخوش دلی کو اپنی زندگیوں میں شامل رکھا۔ اسلام اور مسلمانوں کی آمد نے اس جذبے کو فروغ دیا کلچر وثقافت میں نمایاں تبدیلیاں رونما ہوئیں۔ رواداری کا مظاہرہ ہوا۔ مسلمان حکمراں اپنی انصاف پسندی کے لیے معروف تھے۔ عام مسلمانوں کے مہذبانہ طرز عمل، شائستہ طریقۂ عبادت اور انسانی مساوات کی رعایت کی بنا پر وہ برادرانِ وطن کے نزدیک مقبول قرار پائے۔ دین حق کی تعلیمات سے متاثر ہوکر دبی کچلی آبادیوں نے اسلام قبول کیا۔

کشمکش کی صورتحال اس وقت پیدا ہوئی جب نام نہاد اونچی ذات والوں کو خطرہ لاحق ہوا کہ ان کا خودساختہ اونچ نیچ کا نظام زمین بوس ہوجائے گا تو ان کی چودھراہٹ اور برتری ختم ہوجائے گی۔ انہوں نے زمانۂ قدیم سے اونچ نیچ کی بنیاد پر چار حصوں میں لوگوں کو تقسیم کر کے خود کو اونچے مقام پر فائز کر رکھا تھا اس نظام کی تقویت کے لیے بعض عقائد ایجاد کر لیے تھے اور لوگوں کو کچھ رسوم ورواج کا پابند کیا تھا۔ مسلمان توحید کے قائل اور انسانی مساوات کی تعلیم کے حامل تھے۔ مقامی آبادیاں اسلام کے نظام معاشرت میں کشش محسوس کرتی تھیں۔ مسلمانوں کے اس عقیدے اور نظام معاشرت سے بعض عناصر نے خطرہ محسوس کیا تو انہوں نے مسلمانوں کے خلاف مہم شروع کی۔ ان کی اس تحریک کی انگریز حکمرانوں نے تائید کی اور ہندو عوام کو مسلمانوں کے خلاف بھڑکانا شروع کردیا۔

'لڑاؤ اور حکومت کرو' کی برطانیہ کی پالیسی

مسلم تجار، صوفیائے کرام، مبلغین اسلام اور مسلمان حکمرانوں نے اپنے دور حکومت میں رواداری اور فراخ دلی کا جو تناور درخت تیار کیا تھا وہ مسلمانوں کی حکومت کے خاتمے کے ساتھ زمین بوس ہونا شروع ہوگیا۔ مسلم حکمرانوں کے زوال کے بعد سلطنت برطانیہ کا سورج طلوع ہوا۔ دیکھتے دیکھتے ایسٹ انڈیا کمپنی نے پورے ہندوستان پر اپنی حکومت کو مستحکم کرلیا۔ ٹیپو سلطانؒ کی شہادت کے بعد ہندوستان انگریزوں کے قبضے میں تھا۔ اب انگریزوں کی پالیسی طے پائی کہ ہندو اور مسلمان کو آپس میں لڑاؤ اور حکومت واقتدار پر قابض رہو۔ سومناتھ مندر کے دروازوں کی تجدید کے موقع پر انگریز گورنر جنرل نے ہندو راجاؤں اور سرداروں کو مخاطب کرتے ہوئے کہا کہ آج بالآخر آٹھ سو سالہ پرانی بے عزتی کا بدلہ لے لیا گیا۔ اسی طرح دوسرے گورنر جنرل لارڈ ڈلہوزی کا رویہ بھی ہندوستانی مسلمانوں کے ساتھ معاندانہ رہا۔ ۱۸۵۳ء میں اس نے ایک دوست کو جو ذاتی خط لکھا تھا اس میں اس نے اپنی ذہنیت اور مسلم دشمنی کا کھل کر اظہار کیا تھا وہ لکھتا ہے کہ:

''اودھ کا بادشاہ خرد ماغی کی جانب مائل نظر آتا ہے۔ میں چاہتا بھی یہی ہوں کہ ایسا ہی ہو۔ اپنی روانگی سے پہلے اسے ہضم کر پانا میرے لیے بڑی طمانیت کا باعث ہوگا۔ دلی کا بوڑھا شخص اپنی موت آپ مر رہا ہے۔ اگر کورٹ آف ڈائرکٹرس کی فرسودہ حماقت نہ آڑے آتی تو میں کبھی کا اس کھوسٹ کے ساتھ ہی خاندان تیموریہ کا خاتمہ کر چکا ہوتا''۔(۱)

برطانوی حکومت کی یہ پالیسی تھی کہ ہندوؤں اور مسلمانوں کو آپس میں لڑا کر ہی ہم اپنی حکومت کو مستحکم رکھ سکتے ہیں۔ چنانچہ انہوں نے ہندوؤں کے لیڈروں، پنڈتوں اور مذہبی رہنماؤں کے سامنے اس بات کو دہرانا شروع کردیا کہ مسلمانوں نے اپنے دور حکومت میں ہندوؤں پر بڑے مظالم ڈھائے ہیں۔ ان کے مندروں کو منہدم اور مسمار کیا ہے ۔ اس طرح کی باتوں کے ذریعے انہوں نے ہندوؤں کے جذبات ابھارنا شروع کیا اور انگریزوں کی یہ پالیسی کامیاب ہوگئی۔ چنانچہ چھوٹی چھوٹی باتوں پر فرقہ وارانہ کشیدگی شروع ہوگئی اور فسادات کا سلسلہ شروع ہوگیا۔ اس دور میں جان بوجھ کر متعدد فساد کرائے گئے۔ ان حالات سے نبرد آزما ہونے اور آپسی امن وامان کی فضا کو پروان چڑھانے میں دونوں فرقوں کے اچھے ذہن کے لوگوں نے انتھک کوشش کی لیکن ان کی کوشش حکومتی مشینری کے سامنے بے کار ثابت ہوئی اور دونوں فرقوں کے درمیان کشیدگی اور دوری بڑھتی گئی۔ فرقہ وارانہ فسادات نے اس خلیج کو وسیع کرنے میں نمایاں رول ادا کیا۔

ہندوؤں اور مسلمانوں کے درمیان امن وآشتی کی کوشش کرنے والوں نے ہمت نہیں ہاری اور مسلسل دونوں فرقوں کو رواداری پر آمادہ کرنے کی کوشش کرتے رہے۔ ان کی کوششوں کے نمایاں اثرات اس

وقت نظر آنے لگے جب ہندو اور مسلمان دونوں قوموں نے تحریک آزادی کا آغاز کیا۔ برطانوی سامراج کے خلاف ہندوستان کی آزادی کا نعرہ لگایا انگریزوں کو ہندوستان سے نکالنے کی کوشش کی تو برطانوی سامراج کے پیرا کھڑ گئے اور آخر کار ۱۹۴۷ء میں ہمارا ملک ہندوستان آزاد ہو گیا۔

تقسیم ملک اور رواداری کے واقعات

برطانوی سامراج کی جانب سے پیدا کردہ منفی فضا تحریک آزادی اور تحریک خلافت کے سائے میں ختم ہوتی گئی اور ہندو مسلمان قریب آ گئے۔ لیکن تقسیم ہندو پاک نے پھر سے نفرتوں کو کھل کر کھیلنے کا موقع فراہم کیا اور لاکھوں انسانوں کو موت کی نیند سلا دیا گیا۔ لیکن اس تقسیم ہندو پاک کے دوران بھی ہندو مسلمان دونوں کی جانب سے رواداری کے نمونے پیش کئے گئے۔ غیر منقسم ہندوستان میں مشرقی پنجاب کی مسلم اکثریت والی ریاست بوڑیہ نے نہ جانے کتنے گرم وسرد موسم دیکھے اور کتنے نشیب وفراز آئے لیکن اس کی مٹی سے انسانیت، اور رواداری کی خوشبو کبھی نہ گئی۔ تقسیم کے وقت ہندوستان میں جنون اپنے شباب پر تھا دونوں طرف سے انسانوں کے لٹے پٹے قافلے جائے امان کے لیے دربدر کی ٹھوکریں کھا رہے تھے لوگ اپنی جڑوں سے اکھڑ گئے تھے۔ نقل مکانی اور ہجرت کا سلسلہ جاری تھا۔ پورا ملک آگ اور خون کے دریا سے گزر رہا تھا۔ مشرقی پنجاب کے مسلمان اپنا بوریہ بستر باندھ کر ایک اجنبی ملک اور ایک انجانی منزل کی تلاش میں اپنا گھر بار چھوڑ کر نکل کھڑے ہوئے تھے اور جو نہیں گئے تھے وہ اپنی جان و مال کی تباہی کے خوف سے لرزاں تھے۔

ایسی بے یقینی کی حالت میں بوڑیہ کے حضرت ملاجی الحاج عبدالکریمؒ مسلمانوں کو استقلال اور استقامت کا درس دے رہے تھے ان کا عزم اور حوصلہ بڑھا رہے تھے۔ اللہ پر بھروسہ اور غیبی امداد کا یقین دلا رہے تھے۔ اسی کے ساتھ بوڑیہ ریاست کے آخری تاجدار راجہ رتن امول سنگھ مسلمانوں کی مدد کر رہے تھے ۔ وہ قتل وغارت گری پر آمادہ، جنونی اور شر پسند عناصر کے سامنے سینہ سپر ہو گئے تھے اور ان کے خوفناک عزائم کے آگے آہنی دیوار بن گئے تھے۔ بوڑیہ کے ہزاروں مسلمانوں کو انہوں نے اپنے قلعہ میں پناہ دی۔ ان کو کیمپوں میں رکھا۔ ان کے کھانے پینے کا بندوبست کیا۔ یہی وجہ تھی کہ یہ مسلمان پناہ گزیں خدا کے بعد اگر کسی پر بھروسہ کرتے تھے تو وہ راجہ رتن امول سنگھ تھے جس کا اندازہ اس بات سے لگایا جاسکتا ہے کہ بوڑیہ کے مسلمانوں کو پاکستان لے جانے کے لیے جو خصوصی ٹرین بھیجی گئی تھی، مسلمان اس میں سوار نہیں ہوئے اور ایک روایت کے مطابق وہ ٹرین چار دن تک بوڑیہ کے مسلمانوں کو لے جانے کا انتظار کرنے کے بعد واپس خالی لوٹ گئی تھی لیکن مسلمانوں کے پائے استقامت میں لغزش نہیں آئی۔ (۲)

حصول اقتدار کے لیے شرانگیزی

راجہ رتن امول سنگھ جیسے بہت سے انسان تھے جنہوں نے اپنی جانوں پر کھیل کر مظلوم ہندو اور مسلمانوں کی مدد کی ان کو محفوظ پناہ گاہیں فراہم کیں اور ان کی جانوں کی حفاظت کی لیکن سنگھ پریوار نے انگریزوں کی پالیسی پر عمل کرتے ہوئے ہندتوا اور ہندو راشٹر کا راگ الاپا۔ اس نے ہندوستان کی قدیم روایت کو فراموش کر دیا جو مسلم حکمرانوں نے اپنے دور حکومت میں رواداری کی پالیسی کے تحت قائم کی تھی۔ موجودہ وقت میں سنگھ پریوار نے ترقی اور خوشحالی کا خواب دکھا کر ہندوستانی حکومت پر قبضہ کیا۔ بظاہر پوری حکومتی مشینری سنگھ پریوار کے سر میں سر ملا رہی ہے۔ حکومت کی جانب سے عملاً ترقی اور خوشحالی کا کوئی کام نہ ہو سکا بلکہ ملک کی معیشت حکومت کی ناعاقبت اندیشی کی وجہ سے مضمحل ہو گئی۔ عوام کنگال ہونے لگے۔ نوٹ بندی کا فیصلہ اور جی ایس ٹی کا نفاذ حکومت کے گلے کی ہڈی بن گئی کہ نہ نگلتے بنتا ہے اور نہ اگلتے۔

اب خود این ڈی اے کے اندر سے بغاوت کی آوازیں آنے لگی ہیں ایک بار پھر اپنی ناکامیوں کو چھپانے کی خاطر ملک میں نفرت کا بیج بویا جا رہا ہے۔ لاقانونیت عام ہے۔ بھائی کو بھائی سے لڑایا جا رہا ہے۔ بنیادی مسائل سے عوام کی توجہ ہٹا کر جذباتی مسائل میں عوام کو الجھایا جا رہا ہے۔ ردّعمل کی آڑ میں نسل کشی کو جائز ٹھہرایا جا رہا ہے اور بے بسوں کو دھمکیاں دی جا رہی ہیں۔

باورچی خانے میں جھانک کر دیکھا جا رہا ہے کہ کوئی گائے کا گوشت تو نہیں کھا رہا محض شک وشبہ کی بنیاد پر محمد اخلاق نامی شخص کو بے دردی کے ساتھ پیٹ پیٹ کر ہلاک کر دیا گیا۔ نوعمر حافظ جنید کو محض اس لیے مار دیا گیا کہ وہ مسلمان ہے۔ ماحول ایسا بنا دیا گیا کہ گایوں کا پالنا، خرید وفروخت کرنا بلکہ ان کے قریب سے گزرنا بھی مسلمان کے لیے ناممکن ہو گیا ہے۔ مسلمانوں کو مسائل میں الجھا کر ان کی زندگی کو اجیرن بنانا منفی عناصر کا مشغلہ ہے۔

دانشوران قوم کی تشویش

ملک کے ان مخدوش حالات میں بھی فرقہ وارانہ امن وآشتی کو جلا بخشنے والی مثالیں موجود ہیں جو دونوں فرقوں کے اصحاب خیر اور دور اندیش لوگوں کے لیے خوشی واطمینان کا سبب ہیں۔ منفی جذبات کو مشتعل کرنے کی کوشش کے باوجود انسانی دردمندی، ہمدردی، غم گساری کے داعیات موجود ہیں۔ مسائل کو آپسی تعاون سے حل کرنے کا رجحان آج بھی ہندو مسلمان دونوں میں پایا جاتا ہے۔ اس کے اثرات صحافیوں اور قلمکاروں کی تحریروں میں نظر آتے ہیں۔ گزشتہ دنوں گوری لنکیش کو اس لیے قتل کیا گیا کہ وہ منفی رجحانات پر

تنقیدی تحریریں لکھا کرتی تھیں۔کلدیپ نیر بے باک صحافی تھے اور منفی پروپیگنڈے کے مخالف تھے گزشتہ دنوں ''بیف کا مسئلہ سماج کو بانٹنے کی کوشش'' کے عنوان سے مضمون لکھ کر ان عناصر کو آئینہ دکھایا۔ نیر نے لکھا:

''کسی وقت آر ایس ایس کے پرچارک رہنے والے مودی کو دہلی کے قریب دادری میں ہونے والے فرقہ وارانہ تشدد سے سبق لینا چاہیے۔ایک مسلمان کو اس افواہ کی بنیاد پر بے دردی سے ہلاک کر دیا گیا کہ وہ بیف اپنے استعمال میں لایا تھا۔اگر ایسا ہوا بھی تو بیف کے استعمال کی ممانعت کا کوئی قانون نہیں ہے۔ یہ سچ ہے کہ دو یا تین ریاستوں کو چھوڑ کر ہر ایک نے گائے کے ذبیحہ پر پابندی عائد کر رکھی ہے لیکن بیف کے استعمال پر تو اکثر جگہوں پر پابندی نہیں ہے۔اگر ابھی تک نہیں کیا ہے تو مودی کو یہ محسوس کرنا چاہئے کہ تکثیریت معاشرے کی فطری روح اور جذبہ ہے۔اگر چہ آر ایس ایس کے بعض انتہا پسندوں کو یہ ناپسند ہے لیکن ایک بڑی اکثریت ہندوستان کے تصوّر میں یقین رکھتی ہے اور یہ ہندوستان ڈیموکریسی، جمہوریت اور فعالیت سے عبارت ہے۔اس میں شک نہیں کہ ملک کے بعض گوشے ایسے ہیں جہاں اکثریت بے لگام ہو کر جو چاہے کہہ دیتی ہے اور تکثیریت کی مذمت کرتی ہے لیکن اس کا اطلاق مجموعی طور سے ملک کے تمام تر عوام پر نہیں ہو جائے گا۔انہیں اقلیتوں کی آزادیٔ اظہار پر پورا یقین ہے اور وہ اس کا دفاع کریں گے''۔(۳)

بزرگ صحافی کلدیپ نیّر نے اپنے اسی مضمون میں لکھا:

''ملک کے معاملات میں مسلمانوں کی واقعی کوئی اہمیت نہیں ہے۔مرکزی کابینہ کی ہی مثال لیجئے جس میں صرف ایک نشست مسلمان کو دی گئی اور اس کی بھی حیثیت بڑی معمولی ہے۔اس سے بدتر بات یہ ہے کہ دونوں فرقوں کے درمیان فاصلہ بڑھتا ہی گیا ہے۔ان کے درمیان شاید ہی سماجی میل جول ہو۔دونوں ہی کو لگتا ہے کہ وہ اپنی اپنی الگ دنیاؤں میں رہتے ہیں۔اس کی بنیادی وجہ وہ ارتکاز ہے جس کی جڑیں گہری ہوتی جا رہی ہیں اور جس کی آبیاری سنگھ پریوار دیدہ و دانستہ کر رہا ہے۔اس نکتے کو چند ادبی شخصیات نے اکادمی کے انعامات لوٹا کر اُٹھایا ہے۔ان میں جواہر لعل نہرو کی بھانجی نین تارا سہگل بھی شامل ہیں۔انہوں نے اس نقطۂ نظر کا اظہار کیا ہے کہ آزادیٔ اظہار کا دائرہ دن بدن تنگ ہوتا جا رہا ہے۔ادبی شخصیات واقعی ملک کی جمہوری فضا کی نمائندہ ہیں۔بی جے پی کی طرف سے مسلط کی جانے والی بھگوا کاری اس معاشرے کے لئے قابل قبول نہیں ہو سکتی جس کی پرداخت آزادانہ اظہار اور تکثیریت کے سائے میں ہوئی ہو۔افسوس یہ کہ آر ایس ایس اور بی جے پی کے لیڈروں نے اس بنیادی حقیقت کو آج تک نہیں سمجھا''۔(۴)

کلدیپ نیّر نے شیوسینا پر بھی تنقید کی لکھتے ہیں :

''اصل حقیقت یہ ہے کہ ہندو انتہا پسندوں کے ایک حلقے نے انتخابی مقاصد سے معاشرے کو مرتکز

کرنے کے لیے بیف کو مسئلہ بنایا ہے۔اسی طرح ایک ہندوانتہا پسند تنظیم نے بھی جومہاراشٹر تک محدود ہے اس ریاست کو بدنام کیا ہے۔وہ شیوسینا ہے۔جس نے نہ صرف ہندوستان کے جمہوری ڈھانچے کو داغدار کیا ہے بلکہ اس کے چہرے پر کالک پوت دی ہے۔شیوسینا کے بانی بال ٹھاکرے تشدد کی نامعقولیت کا اعتراف کرتے ہوئے اس کی مذمت کرنے لگے تھے اس سے شیوسینا کو قبولیت کا درجہ پانے میں مدد ملی اور وزیر اعلیٰ کے منصب پر اس کے نامزد فرد کو بٹھایا گیا۔اس کے باوجود جمہوری طریقۂ کار شیوسینا کی نئی نسل کی پسند پر پورا نہیں اتر رہا ہے۔بی جے پی نواز رجحان رکھنے والے مشہور صحافی سدھیندر رکلکرنی کے چہرے پر سیاہی ملنے کا واقعہ شیوسینا کے طریقۂ کار کی موجودہ مثال ہے۔اس واقعے کے خلاف احتجاج اور تنقیدیں شیوسینا کے لیے یہ پیغام ہے کہ ہندوستان کی روح جمہوری ہے اور جمہوری رہے گی۔"(۵)

ملک میں بڑھتی عدم رواداری اور بے اطمینانی کی وجہ سے ملک کے چوٹی کے دانشوروں اور ارباب قلم کا اعلیٰ حکومتی اعزازات کا لوٹانا کوئی معمولی بات نہیں بلکہ یہ اس بات کا ثبوت ہے کہ ہندوستان میں رہنے والا دانشوروں کا بڑا طبقہ رواداری، تحمل اور امن وامان کا قائل ہے وہ چاہتے ہیں کہ ہندو مسلمان مل جل کر ملک کی تعمیر وترقی میں حصہ بٹائیں۔اسی مسئلے کی اہمیت پر روشنی ڈالتے ہوئے ہفت روزہ عالمی سہارا نے لکھا کہ:

"اگر عام آدمی کسی مسئلے پر اظہار خیال کرتا ہے تو اسے اہمیت نہیں دی جاتی اور یہ ضروری بھی نہیں۔اس لیے عموماً یہ سمجھا جاتا ہے کہ عام آدمی کا شعور اس حد تک حساس اور معاملہ فہم نہیں ہوتا کہ ہر مسئلے اور معاملے میں اس کی رائے پر توجہ دی جائے یا اس کے مطابق عملی اقدام کیا جائے لیکن جب کسی معاشرے اور ملک کے نابغہ افراد، جن کی دانش وبینش اور فکر وشعور کو ایک بہت بڑے انسانی طبقے کی تائید وتحسین حاصل ہو اور جن کی تحریر وتقریر رجحان سازمانی جاتی ہو وہ اگر کسی مسئلے پر اظہار خیال کریں یا کسی معاملے پر اپنی تشویش اور اندیشے کو ظاہر کریں تو اس کا مطلب یہ ہے کہ معاملہ واقعتاً سنگین اور قابل توجہ ہے۔اب گزشتہ دو مہینوں سے ہندوستان کے ادباء ودانشوران ملک میں بڑھتی بے چینی اور بے اطمینانی پر اپنی ناراضگی جتا رہے ہیں اور احتجاجاً اپنے اعزازات لوٹا رہے ہیں تو اس کا صاف مطلب یہی ہے کہ ہمارے ملک میں صحیح معنوں میں فرقہ وارانہ ہم آہنگی کا ماحول پہلے کے مقابلے میں بگڑا ہے اور اس کی مثالیں بھی لگاتار ہمارے سامنے آرہی ہیں۔بقرعید کے موقع پر یوپی کے دادری میں گائے کا گوشت کھانے کی محض افواہ پر ایک بھیڑ ایک بے قصور انسان کو مار مار کر موت کے منہ میں ڈھکیل دیتی ہے۔ہریانہ میں دلت بچے کو جلا دیا جاتا ہے۔اظہار خیال پر قدغن لگانے کی کوشش کی جاتی ہے اور ادیبوں پر جان لیوا حملے کئے جاتے ہیں۔یہ سب کیا ہیں۔فرقہ وارانہ عدم رواداری کی مثالیں ہی تو ہیں۔"(۶)

جارحانہ قوم پرستی کے عزائم

اسلام کی تعلیم مساوات کے زیرِ اثر اب سماج کے نچلے طبقے کے لوگوں کو بھی انسان سمجھا جاتا ہے اور ان کے حقوق کی گفتگو کی جارہی ہے۔لوگوں کو ہندوستان میں اسلامی تہذیب کی دین کا بھی قائل ہونا چاہئے۔ دستور ہند اپنے مغربی قالب کے باوجود بہت سی مثبت قدروں کی تائید کرتا ہے۔رواداری کی بدولت ہی کثیر المذاہب، کثیر اللسان ہندوستان امن وامان اور شرافت وانصاف کا گہوارہ رہا ہے۔ پروفیسر یوسف امین نے لکھا ہے: ''ہر مذہبی تہذیب ایک عنصر تحریف و تنسیخ کا بھی رکھتی ہے۔ ملک کی فسطائی تحریکات کا رجحان ہندو مذہب کے مسخ شدہ پہلو، یعنی برہمنی اعلیٰ طبقے کی جباریت سے عبارت ہے۔ان کو ہندومت کی آسمانی حقیقت سے کم ہی تعلق ہے مزید برآں، ان تحریکات نے اپنے جبارانہ داعیہ کے لیے نظریاتی قالب مغربی مادہ پرستانہ جدیدیت کے فسطائی مکتب سے حاصل کیا ہے۔یعنی غالب گروہ کی جباریت۔آر ایس ایس کے نظریاتی معمار، گولوالکر نے اس استفادہ کا صریح حوالہ بھی دیا ہے۔

آر۔ایس۔ایس کی جباریت کا دوسرا پہلو تہذیبی ہے جو قدیم ہندو علوم کی من گھڑت تعبیرات کا تسلط ہے۔سیاسی اور معاشرتی پہلو کے اعتبار سے یہ جباریت اسلامی تہذیب کے خاتمہ کا منصوبہ ہے جبکہ معاشی لحاظ سے مقامی اور عالمی سرمایہ داروں کی حمایت پیشِ نظر ہے جو ہندوستانی عوام، کسان، مزدور، چھوٹے تاجر اور صنعت کار کا استحصال کرنا چاہتے ہیں۔

آر۔ایس۔ایس کا تیسرا دعویٰ ہندوؤں کو واحد ہندوستانی ثابت کرنے کا ہے۔ان کا کہنا ہے کہ اسلامی تہذیب اور ملت اسلامیہ کا ہندوستان سے نہ کوئی قدرتی تعلق ہے اور نہ اس پر مسلمانوں کا کوئی حق ہے۔ مزید یہ کہ تمام باشندگانِ ملک، سکھ، بودھ، جین، دلت، آدی باسی وغیرہ ہندو ہیں۔

اس تحریک کا چوتھا عنصر اس کا تجدیدی نظریہ ہے۔ ہندو سماج کی تجدید میں آر۔ایس۔ایس روحانیت، اخلاق، علم تمام چیزوں کو نظر انداز کر کے صرف جنگی طاقت اور ڈسپلن کو اہمیت دیتی ہے۔

پانچواں عنصر یہ ہے کہ طریقۂ کار کے طور پر تشدد کو کلیدی مقام دیا گیا ہے یہ مقدس جنگ (دھرم یدھ) کا پابندِ حدود تشدد نہیں ہے، بلکہ بدنام زمانہ فسطائی بنگالی ناول 'آنند مٹھ' میں بیان شدہ شیطانی بھیڑ کا تشدد ہے، جو، لوٹ پاٹ اور عورتوں پر مظالم سے عبارت ہے۔فسطائی تحریک حقیقی ہندو مذہب کی روحانیت اور انسان دوستی نیز موجودہ دستور ہند کی روشن خیالی کے خاتمے کے لیے بھی اسی قدر کوشاں ہے جتنا کہ مسلمانوں کے مذہب اور معاشرتی ومعاشی نظام کے خاتمے کے لیے۔مزید برآں، عوام الناس کا بدترین معاشی استحصال اور ہندوؤں کا اخلاقی اور عقلی انحطاط بھی اس کے ممکنہ عواقب میں شامل ہیں۔''(۷)

پروفیسر یوسف امین نے برادران وطن سے اپیل کی ہے کہ وہ اپنے اصلی مذہب اور عظیم وراثت کی حفاظت کی خاطر آگے آئیں ان کو فسطائی تحریکات کے آگے بند باندھنا چاہیے تاکہ ان طاقتوں کو ملک میں پھلنے پھولنے کا موقع میسّر نہ آسکے۔ پروفیسر صاحب رقمطراز ہیں: ''ان ۷۰ فیصد ہندوستانیوں کو اس عظیم اور اساسی بربادی کو روکنے کے لیے میدان میں اترنا چاہیے جنہوں نے گزشتہ انتخابات میں بی جے پی کے خلاف ووٹ دیا تھا۔ بلکہ آر۔ایس۔ایس کے بہکاوے میں آنے والے ۳۰ فیصد حامیوں کو بھی اپنے رویہ کے خوف ناک مضمرات کو سمجھ کر انسانیت، ایجابیت اور روحانیت کے تحفظ کی طرف رجوع کرنا چاہیے۔ خور آر۔ایس۔ایس کو اپنے نظریات کا جائزہ لے کر حقیقی ہندو مذہب اور اس کی افتاد سے متضاد اور روحانی وتہذیبی لحاظ سے تباہ کن خیالات، پالیسیوں اور رویہ کو ترک کرنا چاہئے اور ہندوستان کی قدیم اور روایتی انسان دوستانہ افتاد کی طرف واپس آنا چاہیے''۔(۸)

جارحیت کے وسائل

سنگھ پریوار اور اس کی شاخوں کا اپنے عزائم کی تکمیل کی خاطر کارگر وسیلہ بہیمانہ تشدد ہے۔ اس تحریک نے تشدد کے استعمال کو بنیادی اہمیت دی ہے۔ سنگھ پریوار نے اس وسیلے کو مغربی فسطائیت سے مستعار لیا ہے۔ جس نے تشدد کو صراحت کے ساتھ قومی ترقی کا ذریعہ اور وسیلہ قرار دیا۔ سنگھ پریوار کا فلسفہ ملک کے لیے خطرناک ہے، مغربی مادی جدیدیت نے خدا فراموشی پیدا کی ہے۔ سرمایہ داری کے نتیجے میں عوام الناس دیہات سے شہر کی انسانیت کش گندی بستیوں میں رہائش کے لیے آنے پر مجبور ہیں۔ ان کا ایک بڑا طبقہ حیوانی تشدد کی آگ میں سلگ رہا ہے۔ منظم جرائم، دلہن سوزی، آبروریزی، شاہراہی غیظ وغضب، یہ تمام بھیانک حالات اسی اندرونی جذبۂ تشدد کی دین ہیں۔ آر ایس ایس کا غریب طبقے میں اس تشدد کو مسلمانوں اور انسانیت نواز غیر مسلموں کے خلاف ہوا دینا نیز متوسط طبقے میں پھیلانا، آگ سے کھیلنا ہے۔ اس آگ کا شکار صرف مسلمان نہیں بنیں گے بلکہ دلہن سوزی اور آبروریزی وغیرہ کی اُٹھتی لہر ایک سونامی بن جائے گی۔(۹)

فسطائی تحریک کا ایک اور وسیلہ شدید معاشی استحصال کے ساتھ معاشی حقوق کی پاسداری کا ڈھونگ ہے جس سے ملک ابھی دوچار ہے ملک کی معاشی حالت بد سے بدتر ہوتی جارہی ہے۔ چھوٹے کاروباری اور کارخانے والے اپنا کاروبار بند کر چکے ہیں۔ پورا ملک بڑے کاروباریوں کے ہاتھ میں جاتا ہوا نظر آتا ہے۔ مگر حکومت عوام کو محض بہلاوے دے رہی ہے کہ ابھی کچھ دنوں کی پریشانی ہے حالات اچھے ہو جائیں گے پروفیسر یوسف امین نے سنگھ پریوار کے اس طریقۂ کار پر تنقیدی گفتگو کرتے ہوئے لکھا ہے:

''فسطائی تحریک کا ایک اور نہایت منفی پہلو اس کی معاشی پالیسی ہے۔ عالمی اور ہندوستانی سرمایہ داروں کے ذریعہ عوام الناس کا سفاکانہ استحصال کیا جارہا ہے۔ دوسری طرف بھارتیہ مزدور سنگھ، سودیشی جاگرن منچ وغیرہ غریبوں سے ہمدردی کا ڈھونگ رچاتی ہیں۔ یہ آر۔ ایس۔ ایس کی معاشی پالیسی کی دو بنیادیں ہیں۔ فسطائی تحریک کے غیر دیانت دارانہ طرز گفتار، جھوٹ، توریہ، وغیرہ کی وجہ سے اس کے کسی موقف کو قطعی طور پر بیان کرنا مشکل ہے لیکن یہ بات طے ہے کہ عالمی اور مقامی سرمایہ داروں کے تحالف کو استحصال کا پورا موقع فراہم کرنا ہی فسطائی تحریک کی اصل معاشی پالیسی ہے۔'' (۱۰)

ان حالات میں مسلمانوں کی ذمہ داری بڑھ جاتی ہے اللہ تعالیٰ نے ان کو شعور بخشا ہے خیر امت کے مرتبے پر فائز کیا ہے وہ اپنے اندرونی اور بیرونی مسائل کو سمجھ کر فسطائیت کے بڑھتے ہوئے سیلاب کو روک سکتے ہیں۔ ان کو اپنا تعلق مذہب سے مضبوط کر کے تعلق باﷲ اور تعلق بالرسول کا عملی نمونہ پیش کرنا ہوگا۔ اتحاد واتفاق کی مثال قائم کر کے بنیان مرصوص کی جیتی جاگتی تصویر پیش کرنی ہوگی۔ انسانی خدمت کو اپنا کر عملاً ثابت کرنا ہوگا کہ ہم صرف ملک کے خیر خواہ ہی نہیں بلکہ یہاں کی آبادی کے لیے مفید اور کار آمد ہیں۔ اعلیٰ اخلاق و کردار سے دشمن بھی دوست بن جاتا ہے۔(قرآن پاک نے نبی کریم صلی اللہ علیہ وسلم کو خطاب کر کے فرمایا ہے کہ وَلَا تَسْتَوِی الْحَسَنَةُ وَلَا السَّيِّئَةُ ۚ ادْفَعْ بِالَّتِي هِيَ أَحْسَنُ فَإِذَا الَّذِي بَيْنَكَ وَبَيْنَهُ عَدَاوَةٌ كَأَنَّهُ وَلِيٌّ حَمِيمٌ (حم سجدہ: ۳۴) (ترجمہ) ''اور اے نبیؐ۔ نیکی اور بدی یکساں نہیں ہیں۔ تم بدی کو اس نیکی سے دفع کرو جو بہترین ہو۔ تم دیکھو گے کہ تمہارے ساتھ جس کی عداوت پڑی ہوئی تھی وہ جگری دوست بن گیا ہے''۔)

برادران وطن تک دین حق کا پیغام پہنچانے کی ذمہ داری مسلمانوں کی ہے وہ انسانیت کے خیر خواہ ہیں۔ ان کی آرزو ہے کہ اس دنیا کے بعد آنے والی دنیا میں انسان کو خسران سے سابقہ پیش نہ آئے اور وہ اللہ کے عذاب کا مستحق نہ قرار پائے۔ برادران وطن کو یہ بات سمجھانی ہے کہ سنگھ پریوار ہندو مذہب کی صحت مند روایات کی ترجمانی نہیں کرتا۔ وہ مغرب زدہ مادّہ پرستانہ تصوّرات کا ترجمان ہے اس لیے ہندو سماج کو سنگھ پریوار سے صریح اور قطعی برأت کا اظہار کرنا چاہیے عوام کو مطالبہ کرنا چاہئے کہ سنگھ پریوار جباریت، اسلامی تہذیب کی مخالفت اور عوام الناس کے معاشی استحصال سے باز آئے۔ ہندو سماج کی دیرینہ رواداری اور عمومی انسانی شرافت کا تقاضا یہی ہے۔ الٰہی تعلیمات کو بنیاد بنا کر ہم مُلک میں ایک ایسی فضا کو جنم دے سکتے ہیں جہاں تمام اقوام، رواداری اور امن وامان کے ساتھ زندگی گزاریں اور ملک کی تعمیر و ترقی میں نمایاں کردار ادا کریں۔

حوالہ جات وحواشی

(۱) رفیق زکریا، ہندوستانی سیاست میں مسلمانوں کا عروج وزوال، اردو ترجمہ ثابت انور، ۱۹۸۵، ص ۲۱

(۲) ڈاکٹر محمد احمد فلاحی، ہندو مسلم تعلقات کی خوشگوار یادیں، مرکزی مکتبہ اسلامی پبلشرز، نئی دہلی ۲۰۰۴ء، ص ۷۳۔۱۳۶

(۳) کلدیپ نیئر، مضمون ''بیف کا مسئلہ سماج کو بانٹنے کی کوشش، روزنامہ انقلاب نئی دہلی، ۲۱ر اکتوبر ۲۰۱۵ء جلد ۳، شمارہ ۲۸۱، ص ۷

(۴) نفس مصدر، ص ۷

(۵) نفس مصدر، ص ۷

(۶) نایاب حسن، بھارت میں بڑھتی عدم رواداری، ہفت روزہ عالمی سہارا، جلد ۱۳، شمارہ ۳۱، ۲۰ر نومبر تا ۲۶ر نومبر ۲۰۱۵ء، ص ۲۰۔۱۹

(۷) پروفیسر یوسف امین، مضمون 'فسطائی تحریک۔ کتنی یگانہ ومثبت، کتنی بے گانہ ومنفی'، سہ روزہ دعوت نئی دہلی، ۱۳ر نومبر ۲۰۱۵ء (خصوصی شمارہ) مسلم وغیر مسلم تعلقات۔ ماضی وحال کی روشنی میں مطلوبہ لائحہ عمل، ص ۲۴۔۱۲۳

(۸) نفس مصدر ص ۱۲۴

(۹) نفس مصدر ص ۱۳۴

(۱۰) نفس مصدر ص ۱۳۵

(بشکریہ زندگی نو، شمارہ مارچ 2019)

کیاحب الوطنی کی فخریہ نمائش ضروری ہے؟

نرمل چندر استھانا

میں نے ایک دن ٹوئٹر پر موجود بہت سارے ٹرالز کے پروفائل کو کھنگالا۔ میں نے دیکھا کہ ان میں سے زیادہ تر لوگوں نے اپنے بایو (تعارف) میں پیٹریوٹ، پراؤڈ انڈین، نیشن فرسٹ، ترنگا فرسٹ، نیشنز ویلفیئر فرسٹ، اسٹاؤنچ نیشنلسٹ، ان اپولوجیٹک نیشنلسٹ اور بھارت ماتا کی جئے وغیرہ لکھ رکھا ہے۔ ان میں سے بہتوں کے پروفائل فوج سے بھی اپنی محبت کا اظہار کرر ہے تھے؛ جیسے فین آف انڈین آرمڈ فورسز، مائی آرمی مائی پرائیڈ، جئے ہند کی سینا وغیرہ وغیرہ۔

سوال یہ ہے کہ ان لوگوں پر اپنے دیش پریم کی نمائش کا جنون کیوں کرسوار ہوتا ہے؟ کیا یہ لوگ یہ سوچتے ہیں کہ باقی سب غدار ہیں؟ اس بات کا کوئی ثبوت نہیں ہے کہ ان لوگوں (ٹرالز) نے ملک کی خدمت کرتے ہوئے کوئی نمایاں کام انجام دیا ہے۔ میں نے آج تک ایسا کوئی ہندوستانی نہیں دیکھا ہے جو ملک کے لیے بددعائیں کرتا ہو۔ دیش کے لیے کیا اچھا ہے، اس حوالے سے ان کی رائے ان ٹرالز سے مختلف ہوسکتی ہے، لیکن بہرحال وہ بھی اپنے ملک کو خوشحال ہی دیکھنا چاہتے ہیں۔ حب الوطنی پر ان ٹرالز کی اجارہ داری نہیں ہوسکتی۔ انہیں یہ حق ہرگز نہیں دیا جاسکتا کہ وہ ان لوگوں کو پاکستان چلے جانے کو کہیں جو وطن پرستی کو مختلف چشمے سے دیکھتے ہیں۔

عام طور پر یہ سمجھا جاتا ہے کہ پیٹریاٹ ازم (حب الوطنی) اور نیشنلزم (قوم پرستی) ایک ہی چیز ہے مگر یہ سچ نہیں ہے۔ دونوں ایک دوسرے سے بالکل مختلف ہیں۔ حب الوطنی کی تاریخ دو ہزار سال پرانی ہے، جبکہ قوم پرستی/نیشنلزم کا جنم انیسویں صدی میں ہوا۔ دی اسٹین فورڈ انسائیکلو پیڈیا کے مطابق حب الوطنی کا

مطلب ہے اپنے ملک سے محبت کرنا، اس کے ساتھ اپنی پہچان کا اظہار کرنا اور اس کی (بشمول اس کے باشندے) کی فلاح و بہبود کی تمنا کرنا۔

دی اسٹین فورڈ انسائیکلو پیڈیا نے قوم پرستی کو اس عمل سے تعبیر کیا ہے جس میں کسی قوم کا فرد اپنی قومی شناخت کے تئیں بہت پر جوش ہوتا ہے۔ انسائیکلو پیڈیا بریٹانیکا کے مطابق قوم پرستی کا مطلب ہے قوم کے تئیں وفادار ہونا، اس سے عقیدت رکھنا اور اس کی اطاعت کرنا؛ لیکن اس میں انفرادی یا دیگر گروہی مفادات کے تئیں ہمدردی کی کوئی جگہ نہیں ہے۔

ٹرالز کے جو خیالات ہیں، وہ ان زمروں میں آتے ہیں: جنگوئزم ، شاونزم، الٹرا نیشنلزم یا ہائپر نیشنلزم۔ ایک ہائپر نیشنلسٹ کا یقین اس بات میں شدت سے ہوتا ہے کہ اس کا ملک اور اس کے ملک کا موقف دونوں صد فیصد درست ہیں؛ اور وہ کبھی بھی غلط نہیں ہو سکتے۔ اس کے برعکس، ایک محب وطن (پیٹریاٹ) اپنے ملک سے محبت بھی کرتا ہے اور ساتھ ساتھ یہ بھی تسلیم کرتا ہے کہ اس کے ملک میں بھی خامیاں اور برائیاں ہوسکتی ہیں۔ اپنے ملک سے محبت کرنا ایک شہری کا فرض تو ہے، مگر دوسروں سے بے تحاشہ نفرت کرنا اور انہیں مار دینے کی خواہش کرنا جرم (انسانیت کے خلاف) ہے۔

تنقید اور حب الوطنی

رابندر ناتھ ٹیگور اور مہاتما گاندھی کے درمیان حب الوطنی/قوم پرستی کے حوالے سے جو مشہور زمانہ بحث ہے، اس میں ٹیگور نے گاندھی جی کو انتباہ کیا تھا کہ نیشنلزم اور زینوفوبیا (اجنبیوں/غیر ملکیوں سے نفرت) کے درمیان جو لائن ہے وہ بڑی نازک ہے۔ مزید یہ کہ غیر ملکیوں سے نفرت کا جو جذبہ ہے، وہ ایک دن ایک ہندوستانی کو دوسرے ہندوستانی (جو اس سے مختلف ہے) سے بھی نفرت کرنے پر آمادہ کرسکتا ہے۔ ٹیگور نے اپنے دوست اے ایم بوس کو لکھا تھا: "جب تک میں زندہ ہوں، حب الوطنی کو انسانیت پر غالب نہیں آنے دوں گا۔"

ویت نام جنگ میں امریکی شمولیت کے خلاف، امریکی شہریوں کے ذریعے کیے گئے احتجاج کو ملک کی سیاسی تاریخ میں ایک اہم مقام حاصل ہے۔ لیکن اس کے باوجود جنگ مخالف مظاہرین کو کبھی بھی برا بھلا نہیں کہا گیا۔ انہیں کبھی بھی یہ نہیں کہا گیا کہ وہ غدار ہیں یا یہ کہ وہ ملک سے محبت نہیں کرتے ہیں۔

فوج میں جبراً بھرتی کیے جانے کے بعد، ان لوگوں نے بھی شدت سے جنگ لڑی جنہوں نے آئیڈیالوجی کی بنیاد پر ویت نام جنگ کی مخالفت کی تھی۔ جیمس ای۔ ویستھیڈ را پنی کتاب "دی ویت نام وار"

میں لکھتے ہیں کہ 1968 میں، ویت نام میں موجود فوج میں سے صرف 42 فیصد فوجی ایسے تھے جنہیں جبراً بحال کیا گیا تھا، لیکن اہم بات یہ ہے کہ ہلاک ہونے والے فوجیوں کی کل تعداد میں ان کی حصہ داری 58 فیصد تھی۔ لہٰذا یہ بات ثابت ہو جاتی ہے کہ ان کی حب الوطنی ان فوجیوں سے کسی بھی لحاظ سے کم نہیں تھی جنہوں نے جنگ کی مخالفت نہیں کی تھی۔

بھارت ماتا کا مسئلہ

دسمبر 2019 میں ایک مرکزی وزیر نے کہا تھا: "بھارت میں وہی لوگ رہ سکتے ہیں جو بھارت ماتا کی جئے بولیں گے۔" کرن تھاپر نے ٹھیک نشاندہی کی ہے کہ آئین میں بھارت کا ذکر ہے نہ کہ بھارت ماتا کا۔ دی پریونشن آف انسلٹس ٹو نیشنل آنرا یکٹ 1971، (2005 میں ترمیم شدہ) صرف ہندوستانی قومی پرچم اور آئین کی بات کرتا ہے، اور یہ کہتا ہے کہ ان کی حرمت کو لازمی طور پر برقرار رکھا جانا چاہیے۔
ہم جانتے ہیں کہ ایک خیالی دیوی کی شکل میں بھارت ماتا کے تصور کا جنم انیسوی صدی کے اواخر میں کرن چندر ابنرجی کے ڈرامہ "بھارت ماتا" اور بنکم چندر چٹوپادھیائے کے ناول "آنند مٹھ" کی اشاعت کے بعد سے ہوا۔ یہ بات نوٹ کرنے کی ہے کہ ان خیالی باتوں کا (ظاہر ہے) متذکرہ قانون میں کہیں کوئی ذکر نہیں ہے، کیونکہ بھارت ماتا کے تصور کی کوئی قانونی یا آئینی حیثیت نہیں ہے۔ لہٰذا وہ لوگ جو ملک کو ایک دیوی کے روپ میں دیکھنے کے مخالف ہیں (مذہبی یا اور کسی بنیاد پر)، انہیں ملک کے کسی بھی موجودہ قانون کے تحت مجرم نہیں گردانا جا سکتا۔
دسمبر 2017 میں سپریم کورٹ کی سہ رکنی بنچ کے سامنے ایک اپیل دائر کی گئی اور یہ گزارش کی گئی کہ جو قانونی تحفظ قومی ترانہ "جن من گن" کو حاصل ہے، وہی قانونی تحفظ "وندے ماترم" کو بھی دیا جائے۔ لیکن سپریم کورٹ نے اس کو خارج کر دیا اور دہلی ہائی کورٹ کے اس فیصلہ کو برقرار رکھا جس میں اس نے کہا تھا کہ کسی گیت کے مقبول ہونے کا ہرگز یہ مطلب نہیں کہ اس کو قانون کے زور پر دوسروں سے بھی گوایا جائے۔ آپ کو یہ بھی یاد ہوگا کہ نومبر 2017 میں ہی مدراس ہائی کورٹ نے اپنے ہی ہائی کورٹ کے اس فیصلہ کو خارج کر دیا تھا، جس کے ذریعے اسکول اور دفاتر وغیرہ میں وندے ماترم کا گانا لازمی قرار دیا گیا تھا۔ فروری 2017 میں، سپریم کورٹ نے یہ فیصلہ سنایا تھا کہ آئین کے آرٹیکل 51-اے میں صرف نیشنل فلیگ اور نیشنل اینتھم کا ذکر ہے؛ یعنی آئین میں نیشنل سانگ (قومی گیت) جیسے کسی تصور کا کوئی ذکر نہیں ہے۔
متعدد ایسی مثالیں ہیں جن میں عدالتوں نے قومی گیت کے گائے جانے کو لازمی قرار دیے جانے کی

مخالفت کی ہے۔ عام طور سے یہ مانا جاتا ہے کہ این آئی اے کے میجر زین العابدین حسن صفرانی نے" جئے ہند" نعرہ کا ایجاد کیا تھا، جس کو سبھاش چندر بوس نے اپنایا۔ یہ نعرہ نہ صرف بہت معنی خیز ہے بلکہ بہت جامع بھی ہے۔

اگر ہر ہندوستانی " جئے ہند" کے نعرہ کو بلند کرے تو اس میں کسی کو بھی کوئی ہرج نہیں ہوگا۔ اس نعرے سے نہ تو حب الوطنی کی نفی ہوتی ہے اور نہ ہی قوم پرستی کے جذبہ کو کوئی ٹھیس پہنچتا ہے۔ میرا یہ مشورہ ہے کے" جئے ہند" کے نعرہ کی خوب تشہیر ہو اور اسے قانونی درجہ دیا جائے۔

اکتوبر 2012 میں ہندوستانی فوج نے ایک حکم جاری کیا تھا، جس میں یہ کہا گیا تھا کہ گڈ مارننگ/ گڈ آفٹرنون کے بجائے، ہر فوجی" جئے ہند" کہہ کر ایک دوسرے کو مخاطب/ خیر مقدم کرے گا۔ پیرا ملٹری فورسز (نیم فوجی دستہ) یہ کام بہت زمانے سے کر رہے ہیں۔ ہندوستانی فوج نے ایک اچھا قدم اٹھایا تھا۔ لیکن اس کا اس بات پر اصرار کرنا کہ ہر باہری تقریب کا اختتام" بھارت ماتا کی جئے" کے نعرے (تین بار بلند کرنا) سے ہو، قانونی لحاظ سے کوئی جواز نہیں رکھتا ہے۔

فوج نے شاید یہ نہیں سوچا کہ ڈپارٹمنٹ کے ذریعے جاری کیے گئے حکم اور کورٹ مارشل کے خوف سے اس کی پیروی کا مطلب یہ ہرگز نہیں ہے کہ وہ جوڈیشیل اسکروٹنی سے اوپر ہے۔ مثال کے طور پر، کولکاتا ہائی کورٹ نے ایسوسی ایشن فار پروٹیکشن آف ڈیموکریٹک رائٹس اینڈ دیگر بنام اسٹیٹ آف ویسٹ بنگال کے معاملے میں، پولیس ریگولیشن، بنگال 1943 (جس میں یہ حکم جاری کیا گیا تھا کہ پولیس ہوا میں کبھی بھی فائرنگ نہیں کرے گی) کے ریگولیشن 155 (ب) کو یہ کہہ کر خارج کر دیا تھا کہ یہ آئین کے آرٹیکل 14، 19 اور 21 کے برعکس ہے۔

ٹرالز یہ مانتے ہیں کہ ایک فوجی سب سے بڑا وطن پرست ہوتا ہے۔ اسی لیے وہ فوجیوں کو" پوجتے" ہیں۔ ہر دن ہمیں کچھ نہ کچھ جذباتی درس/ نصیحت سے نوازا جاتا ہے، جیسے:" جب تم اپنے گھر جانا، تم گھر والوں سے ہمارے بارے میں ضرور بتانا اور کہنا کہ ان کے کل کے لیے ہم نے اپنا آج قربان کیا ہے" یا" ہم اپنے گھروں میں اطمینان سے سو پاتے ہیں کیونکہ ہمارے فوجی سرحد پر پوری رات کھڑے رہتے ہیں" وغیرہ وغیرہ۔

ملک کے فوج کی اہمیت ہے۔ لیکن ساتھ ساتھ ملک کے دوسرے لوگ بھی اتنے ہی اہم ہیں۔ عام لوگوں کی زندگی اور ان کی بات چیت/ مباحث میں فوج کا غیر معمولی طور پر شامل ہونا اچھا شگون نہیں ہے۔ اس امر سے فوج کی غیر سیاسی شبیہ اور اس کی غیر جانبداری پر اثر پڑ سکتا ہے۔ یہی چیز پولیس (ایک ایسا آرگنائزیشن

جو تاریخی طور پر نیم فوجی رہا ہے) کے لیے مہلک ثابت ہوئی ہے۔

یہ کتنے حیرت کی بات ہے کہ سوشل میڈیا کا ہر واریئر وطن پرست ہے، اس کے باوجود ہندوستانی فوج میں 45634 فوجیوں کی کمی ہے، بشمول 7399 آفیسرز۔ گزشتہ تین مالی سالوں میں ہندوستانی فوج نے 8 کروڑ روپے صرف اشتہار پر خرچ کیے ہیں تاکہ نوجوانوں کو آرمی جوائن کرنے کے لیے راغب کر سکے۔ یہ "دیش بھکت" لوگ آرمی کیوں نہیں جوائن کرتے؟ یہ بات جان لینے کی ہے کہ آج بھی فوج میں زیادہ تر دیہی علاقوں کے لوگ بھرتی ہوتے ہیں، اور ان علاقوں میں ٹرالز کی تعداد کم ہے۔

ہر شہری کی اپنی خدمات ہیں

ملک کا ہر شہری کسی نہ کسی شکل میں ملک کی خدمت کر رہا ہوتا ہے۔ اور ایک ایک فرد اس حوالے سے اہمیت کا حامل ہے۔ وہ لوگ جو دہلی میں رہ چکے ہیں انہیں یہ اندازہ ہوگا کہ صفائی ملازمین کے ہڑتال پر چلے جانے سے صرف دو دنوں میں پورا شہر کس قدر بدبودار ہو جاتا ہے۔ سماج کا کوئی بھی طبقہ یا کسی بھی ایک پیشہ سے جڑا شخص، کسی بھی دوسرے پیشہ سے جڑے شخص سے زیادہ یا کم اہم نہیں گردانا جا سکتا۔

ذرا تصور کریں وہ منظر کیسا ہوگا اگر یہ لازمی قرار دیا جائے کہ ملک کا ہر شہری فوجیوں اور پولیس اہلکاروں کے سامنے اپنا سر جھکا کر اس بات کے لیے ان کا شکریہ ادا کرے کہ وہ سرحد کی حفاظت کرتے ہیں/ بدمعاشوں سے انہیں بچاتے ہیں۔

ملک کا کوئی بھی شہری قانونی طور پر اس بات کے لیے مجبور نہیں ہے کہ وہ کسی بھی دوسرے شخص کے سامنے اپنی حب الوطنی کا مظاہرہ کرے یا اسے ثابت کرے، ٹرالز کی بات تو دور۔ اگر کوئی شخص کسی ملک مخالف سرگرمی میں ملوث ہوتا ہے (جن کا ذکر ان فیصلوں میں ہوا ہے: کیدار ناتھ سنگھ بنام اسٹیٹ آف بہار یا پریہ پر میشورن پلائی بنام یونین آف انڈیا اینڈ او آر ایس) تو انہیں ضرور سزا دینی چاہیے۔ تاہم، ہم کسی کو محض اس بنیاد پر سزا نہیں دے سکتے کہ اس کے دماغ میں ملک مخالف سوچ کے ہونے کا خدشہ ہے۔ یہ جارج آرویل کا نائنٹین ایٹی فور نہیں ہے اور نہ تو ہمارے یہاں 'تھاٹ کرائم' کا کوئی تصور ہے۔ حب الوطنی کے نام پر ان لوگوں کو ہرگز نہیں ستایا جا سکتا جو محض مختلف سیاسی نظریہ کے حامی ہیں۔

(مضمون نگار ریٹائرڈ آئی پی ایس افسر ہیں اور کیرل کے ڈائریکٹر جنرل آف پولیس اور بی ایس ایف و سی آر پی ایف میں ایڈیشنل ڈائریکٹر جنرل رہے ہیں۔)

(بشکریہ دی وائر اردو، 15 اگست 2020)

بالی ووڈ کا نیا نیشنل ازم

سدھارتھ بھاٹیہ

بالی ووڈ نے ہمیشہ نئے خیالات کے لئے اخباروں کی سرخیوں کی طرف دیکھا ہے۔خبر میں رہنے والی کوئی بھی چیز اس کے لئے صحیح ہے اور اگر اس میں تجسس پیدا کرنے کی صلاحیت ہے، تو وہ فلموں تک کا راستہ طے کر لیتی ہے۔اپنے وقت کے حوالوں کا استعمال کرنا ناظرین سے جڑنے کا ایک آسان راستہ ہے۔فلموں کی تاریخ کو دیکھیں تو پائیں گے کہ فلموں نے اپنے وقت کے خبری ماحول سے ہمیشہ سے تحریک حاصل کی ہے۔1950 اور 1960 کی دہائی میں اس کو نیشن بلڈنگ کے پروجیکٹ نے متاثر کیا اور ڈیم وغیرہ کی تعمیر کی کئی کہانیاں دیکھی گئیں۔ساتھ ہی سیمنٹ کی جمع خوری کرنے والوں کی بھی کہانیاں دکھائی دیں۔

1970 کی دہائی میں ملک کے غصے کو امیتابھ بچن نے پردے پر ظاہر کیا۔1980 کی دہائی میں بدعنوان رہنماؤں کے خلاف غصہ پردے پر دکھائی دیا۔آزادی کے بعد کے دور میں فلم سازوں نے یہ محسوس کیا کہ ان کو غیر رہائشی ہندوستانیوں اور صارفیت کی طرف جھک رہے متوسط طبقے کو اپیل کرنے کی ضرورت ہے۔ڈیزائنر کپڑے، ڈیزائنر چھٹیاں اور ڈیزائنر جذبات کے پیچھے یہی سمجھ تھی۔اب فلموں میں ایک نیا عنصر دکھائی دے رہا ہے۔یہ ہے مشتعل وطن پرستی کا تیور، جو نہ صرف سوشل میڈیا اور سماج کے ایک خاص طبقے میں دکھائی دینے والے طیش بھرے نیشنلزم سے میل کھاتا ہے، بلکہ موجودہ حکومت کے ایجنڈے کے ساتھ بھی اچھے سے قدم تال ملا کر چلتا ہے۔

اس بات کی کئی مثالیں ہیں لیکن اس کی سب سے فحش مثال باغی-2 کا وہ منظر ہے، جس میں ہمارا بہادر ہیرو ایک کشمیری کو جیپ کے بونٹ پر باندھتا ہے اور اس کا استعمال ہیومین شیلڈ کے طور پر کرتا ہے۔وہ

ایسا اس لئے کرتا ہے، کیونکہ وہ ہندوستانی ترنگے کی مبینہ توہین سے غصہ میں ہے۔

ظاہری طور پر اس کا تعلق ہندوستانی فوج کے ایک میجر کے ذریعے فاروق احمد ڈار نام کے ایک کشمیری کو فوج کی جیپ سے باندھنے کے واقعہ سے ہے۔ اس واقعہ کی چاروں طرف تنقید کی گئی، لیکن جب ایک بار فوج نے اس کارنامے کو انجام دینے والے میجر گگوئی کی پیٹھ تھپتھپا دی، اس کو ایک طرح سے سرکاری حمایت ہی نہیں ملی، بلکہ اس کو تعریف کے لائق تک مان لیا گیا۔ اس منظر کو فلم میں ڈالتے وقت باغی-2 کے رائٹرس کے لئے اتنا ہی کافی رہا ہوگا کہ یہ سینما جانے والی پبلک، فوج اور شاید اقتدار میں اونچے عہدوں پر بیٹھے لوگوں کو اچھا لگے گا۔ اس سے باکس آفس پر کمائی کا امکان بڑھے گا اور سب سے زیادہ ان کو یہ راشٹریہ فرض کی طرح لگا ہوگا۔

بالی ووڈ مارکہ یہ نیا نیشنلزم کئی صورتوں میں سامنے آتا ہے۔ ایک سرے پر بحران کے سامنے بہادری کا مظاہرہ کرنے والی جیت کی کہانیاں ہیں، چاہے یہ کھیل کے میدان پر ہو، جیسے، سلطان یا میدان جنگ میں ہو، جیسے آنے والی فلم پرمانو، جو 1998 میں اٹل بہاری باجپئی حکومت کے ذریعے کئے گئے ایٹمی ٹیسٹ کے بارے میں ہے۔ پھر تاریخی فلمیں بھی ہیں۔ یہ ایک ایسی روش ہے، جس کو اس سے پہلے تک ہمیشہ محض ایک کاسٹیوم ڈرامہ مانا جاتا تھا اور اس طرح سے یہ بی گریڈ کے زمرہ میں شمار کی جاتی تھی۔ اب ستاروں میں غیر ملکی حکمرانوں سے بہادری کے ساتھ لوہا لینے والے ماضی کے عظیم ہندوستانی ہیرو کا کردار نبھانے کے لئے ہوڑ مچی ہوئی ہے۔

یہ الگ بات ہے کہ پدماوت کو بھلے ہی راجپوت مردوں کی بہادری کو دکھانے والی فلم کے طور پر دکھانے کی جتنی بھی کوشش کی گئی ہو، آخر کار یہ راجپوت عورتوں کی اعلیٰ ترین قربانی کے بارے میں ہی تھی، جنہوں نے ایک غیر تہذیب یافتہ مسلم حکمراں کے سامنے خودسپردگی کرنے کی جگہ آگ میں کود کر اپنی جان دینا زیادہ بہتر سمجھا۔ یہ فطری ہی ہے کہ اس مسلم حکمراں کو ایک بیمار ذہنیت والے شخص کے طور پر دکھایا گیا۔ جلد ہی، بالی ووڈ میں بھائی بھتیجہ واد کے خلاف جرأت کے ساتھ کھڑی ہونے والی کنگنا رناوت جھانسی کی رانی لکشمی بائی کے طور پر دکھائی دیں گی اور ایسٹ انڈیا کمپنی کی فوجوں کے خلاف جنگ لڑتی ہوئی دکھائی دیں گی۔ رانی کا آشیرواد پانے کے لئے رناوت وارانسی کے منی کرنکا گھاٹ پر گئیں اور وہاں سے ان کی جو تصویریں آئیں، ان میں وہ ندی میں پوجا کرتی ہوئی دکھیں۔

اس کے بعد ان کی وزیر اعظم سے ملاقات کرتے ہوئے ایک تصویر سامنے آئی۔ ہم کافی تجسس کے ساتھ اس فلم کا انتظار کر رہے ہیں، لیکن یہ اندازہ بنا کوئی جوکھم لئے لگایا جا سکتا ہے کہ اس فلم میں ہندوستان

کے پرچم کو کافی بڑھ چڑھ کے لہرایا جائے گا۔حال کی فلموں میں یہ پرچم ہر طرح کے حالات میں دکھایا گیا ہے۔ یہاں تک کہ اس نے کمانڈر رستم (اکشے کمار) کو اپنی بیوی کے عاشق کو مار دینے کا جواز فراہم کرنے کا بھی کام کیا، کیونکہ وہ اصل میں ایک جاسوس تھا۔ اکشے کمار اچھا کام کرنے والے لوگوں کے کرداروں کو نبھانے میں کافی آگے ہیں۔ وہ جب کویت میں پھنسے ہوئے ہندوستانیوں کا بچاؤ نہیں کر رہے ہوتے (ایئر لفٹ) تب وہ ٹوائلٹ (ٹوائلٹ ایک پریم کتھا) اور عورتوں کے لئے گھر میں بنے سستے سینٹری پیڈوں (پیڈ مین) کی تشہیر کرتے ہیں۔

وہ جلد ہی گولڈ میں دکھائی دیں گے۔ یہ فلم 1948 میں، یعنی آزادی کے بعد ہوئے پہلے اولمپک میں ہندوستان کے ذریعے انوکھے طریقے سے گولڈ میڈل جیتنے کی کہانی پر مبنی ہے۔ اسی طرح کے ایک مثالی شہری اجئے دیوگن ہیں، جو ایک انکم ٹیکس آفیسر کے طور پر اتنے ایماندار ہیں کہ کسی سے گھوس لینے کی بات تو چھوڑئے، کسی کی شراب بھی نہیں پیتے، کسی کا کھانا تک نہیں کھاتے۔ فطری ہے کہ اس سے ولن آگ ببولا ہو جاتا ہے اور وہ دیوگن کو مارنے کے لئے اپنے گرگے بھیج دیتا ہے۔ وزیر اعظم کے ذریعے بھیجی گئی ایک اسپیشل پولیس ٹیم دیوگن کو بچاتی ہے۔ اس میں کوئی تعجب نہیں کہ کمار اور دیوگن، دونوں نے ہی وزیر اعظم مودی سے ملاقات کی ہے۔ اس میں کوئی شک نہیں ہے کہ ملک کی خدمت سے متعلق ان کی سپردگی کو دیکھتے ہوئے وزیر اعظم ضرور ان دونوں سے خاصے متاثر ہوں گے۔

کچھ فلمیں ایسی بھی ہیں، جو موجودہ واقعات پر کچھ الگ طرح کی رائے رکھتی ہیں۔ مثلاً، نیوٹن کا نام لیا جا سکتا ہے۔ یہ ماؤ وادیوں کے علاقے میں گئے ایک الیکشن آفیسر کے بارے میں ہے۔ لیکن ایسی فلمیں چھوٹی فلمیں ہیں، جن میں بڑے نام والے ستارے کام نہیں کرتے ہیں۔ کسی فلم میں بڑے ستاروں کی حاضری سے نہ صرف اس کا تجارتی امکان اور بکاؤ پن میں چار چاند لگ جاتے ہیں، بلکہ اس سے دیا جا رہا پیغام بھی طاقت ور ہو جاتا ہے۔ بہت کم ستارے ایسے ہیں، جو ملک کے مدعوں پر سرکاری لائن سے الگ یا مخالف خیال رکھنے والی فلم میں دکھنا چاہیں گے۔ جس بھی موضوع میں ذرہ بھر بھی سیاست کی جھلک دکھے گی، بڑے ستارے اس سے کوسوں دور رہتے ہیں کیونکہ اس کے خطرے بہت بڑے ہیں۔ اس لئے وہ ان کو بھول جانا ہی بہتر سمجھتے ہیں۔

مین اسٹریم کے بڑے بجٹ کی ہندی فلموں میں ایک نئے طرح کے مثالی ہندوستانی کی تعمیر ہو رہی ہے۔ وہ ایماندار ہے، وطن پرست ہے۔ دکھاوٹی اخلاقیات کی حد تک انصاف کے حق میں کھڑا ہے، سماجی مسائل سے (خاص کر ایسے مسائل سے جو سرکاری اسکیموں سے میل کھاتے ہیں) سروکار رکھتا ہے۔

راشٹروادکی آڑ میں 38

وہ، جو اکثر مرد ہے اور وقتاً فوقتاً عورت بھی، میڈل جیت کر لاتا ہے، دشمنوں کو تباہ کرتا ہے اور تمام باہری لوگوں سے جنگ لڑتا ہے، چاہے وہ مسلم ہوں یا گوری چمڑے والے غیر ملکی حکمراں ہوں۔ اس طرح کی فلمیں ماضی میں بھی بنا کرتی تھیں، مگر وہ یا تو کافی گہری ہوا کرتی تھیں۔ مثال کے لئے چک دے انڈیا جیسی شاندار فلم کا نام لیا جا سکتا ہے یا گھنگھور مسالہ فلمیں ہوا کرتی تھیں، جن کو سنجیدگی سے نہیں لیا جا سکتا تھا، جیسے مرد، جس میں امیتابھ بچن انگریزوں سے لڑائی لڑتے ہیں۔ لیکن آج غصہ یا المیہ کے لئے کوئی جگہ نہیں ہے۔ ساری فلمیں کاروباری طور پر کامیاب نہیں ہوتیں جبکہ پروڈیوسر کا اہم ہدف ڈھیر سارا پیسہ کمانا ہوتا ہے۔ لیکن یہ سوچنا، پریشان کرنے والا ہو سکتا ہے کہ ایسی فلمیں اصل میں فلم بنانے والوں کی سوچ کو ظاہر کرتی ہیں۔

باغی-2 میں مرکزی کردار کی حب الوطنی کو ایک کشمیری کو ہیومین شیلڈ کے طور پر استعمال کرنے والے منظر کے بغیر بھی دکھایا جا سکتا تھا۔ پھر بھی اس فلم میں اس منظر کا ہونا یہ دکھاتا ہے کہ ڈائریکٹر کو اس میں کچھ بھی غلط نہیں دکھا۔ اس سے بھی زیادہ تشویشناک یہ حقیقت ہے کہ اس فلم نے باکس آفس پر اچھی کمائی کی ہے، جو یہ دکھاتا ہے کہ ناظرین کو بھی اس میں کچھ غلط نہیں دکھتا۔

(بشکریہ دی وائر اردو، 17 اپریل 2018)

نمائشی راشٹرواد

انوراگ مودی

1965 میں ایک طرف ملک کی سرحد پر پاکستان کے ساتھ جنگ ہو رہی تھی اور دوسری طرف ملک سوکھے اور قحط کے سے جو جھ رہا تھا۔ ایسے وقت میں اس وقت کے وزیر اعظم لال بہادر شاستری نے نعرہ دیا تھا۔ جئے جوان، جئے کسان۔ آج پہلے سے زیادہ کسان خودکشی کرنے کو مجبور ہو رہے ہیں۔ کچھ نہیں بدلا، بلکہ اتنے برے حالات کبھی نہیں رہے۔ حکومت کی پالیسیوں نے ان کے مسائل کو اور بڑھا دیا ہے۔ یہاں تک کہ اتر پردیش میں تو آوارہ جانوروں سے فصل کو ہونے والا نقصان ان کے لئے سب سے بڑا مدعا بن گیا۔ صحیح معنوں میں کہیں تو، کسانی ہر طرح سے خطرے میں ہے۔ اگر یہی حالات رہے تو آنے والی نسل کسانی نہیں کرے گی۔ ایسے وقت میں، نریندر مودی سے وزیر اعظم کے طور پر ملک کا مکھیا ہونے کے ناطے جئے جوان اور جئے کسان کے نعرے کو مضبوطی سے دوہرانے کی ضرورت تھی۔

اس مدعے پر بحث کرکے ملک سے اپیل کرنا تھا۔ مگر، آج ہمارے وزیر اعظم انتخاب جیتنے کے لئے جوان کے نام پر کسان کی موت چھپانے کا کھیل کھیل رہے ہیں۔ سابق ایئر فورس چیف ایڈمرل رام داس نے فوج کے موجودہ افسروں کی طرف سے الیکشن کمیشن کو خط لکھ کر یہ مانگ کی تھی کہ انتخابات میں پلواما، بالاکوٹ یا کسی بھی شکل میں فوج کا استعمال نہ ہو۔ اس پر الیکشن کمیشن نے ہدایات بھی جاری کیے تھے۔ مگر اس کا کوئی اثر وزیر اعظم اور ان کی پارٹی کے دیگر رہنماؤں پر پڑتا نظر نہیں آتا۔ مہاراشٹر کے لاتور میں تو انہوں نے سیدھے سیدھے پلواما میں شہید ہوئے فوجیوں کے نام پر ووٹ مانگا۔

بی جے پی اور میڈیا کے کچھ طبقے نے ایک ایسا جنونی ماحول بنا دیا ہے، جیسے فوجیوں کی موت پر

گھڑیالی آنسو بہانا اور بات-بات پر جنگ کی بات کرنا-دیکھ لینا اور دکھا دینا راشٹرواد کی اصلی نشانی رہ گئی ہے-ایسا لگ رہا ہے کہ یہ انتخاب ملک کے عوام کے مسائل حل کرنے کے لئے حکومت چننے کی بجائے پاکستان کو سبق سکھانے والی حکومت چننے کے لئے ہو رہا ہے-ماحول اس حد تک بگڑ گیا ہے کہ، جہاں کل تک کسانوں، آدیواسیوں اور طالبعلموں کی موت پر سوال اٹھانا ہر بیدار شہری اور رہنما کا فرض مانا جاتا تھا، وہیں آج ایسا کرنے پر ان کو غدار وطن اور فوج پر سوال اٹھانے والا قرار دے دیا جاتا ہے! میڈیا آپ کو اور حکومت کٹہرے میں کھڑا کر دیتی ہے۔

وہیں نیشنل کرائم ریکارڈ بیورو کے اعداد وشمار بتاتے ہیں؛2004 سے 13 کے دس سالوں میں کل 158865 کسان خودکشی کرنے کو مجبور ہوئے-اور 2014 میں 12360 اور 2015 میں 12602 کسانوں کی خودکشی کے اعداد وشمار بتاتے ہیں، اس میں کوئی کمی نہیں آئی ہے-(2015 کے بعد سے مودی حکومت نے ان اعداد وشمار کو جاری ہی نہیں کیا ہے-) اگر دوسرے ذرائع کے اعداد وشمار پر نظر ڈالیں، تو حالات کی سنجیدگی کا اندازہ ہوگا-مہاراشٹر حکومت کے Rehabilitation Department کے مطابق اکیلے مہاراشٹر میں 2015 سے 2018 کے چار سال میں 12004 کسانوں نے خودکشی کی-وہیں کرائم ریکارڈ بیورو کے اعداد وشمار کے مطابق 2010 سے 2014 کے پانچ سال میں 8009 کسانوں نے ہی خودکشی کی تھی۔

وہیں فوج کے جوان بھی کارروائی کے بجائے دیگر وجہوں سے زیادہ مرتے ہیں-مارچ 2018 میں وزارت داخلہ نے پارلیامانی کمیٹی کو سونپی ایک رپورٹ میں بتایا کہ پچھلے 6 سالوں میں سی آر پی ایف کے جتنے جوان کام کے دوران نہیں مرے اس سے زیادہ-700 فوجیوں نے خودکشی کی-نیشنل کرائم ریکارڈ بیورو کے سی آر پی ایف کی خودکشی اور ایکسیڈنٹ سے ہونے والی موت کے 2015 کے اعداد وشمار بتاتے ہیں کہ حادثہ میں مرنے والوں کی تعداد کارروائی میں مرنے والوں سے زیادہ تھی-کل 193 جوان غیر طبعی موت مارے گئے، اس میں صرف 35 کارروائی کے دوران مارے گئے، وہیں 60 جوانوں نے خودکشی کی۔

فوج میں حالات یہ ہو گئے ہیں کہ فوجی فوج چھوڑنے کو مجبور ہیں-دفاعی وزیر مملکت سبھاش بھامرے نے 27 دسمبر 2017 کے ذریعے راجیہ سبھا میں دیے گئے جواب کے مطابق سال 2014 سے مارچ 2017 کے درمیان فوج کے 41953 افسروں اور جوانوں نے قبل از وقت ریٹائرمنٹ کے لئے درخواست دی-2009 سے 2011 میں 25062 ہزار فوجی افسروں نے قبل از وقت ریٹائرمنٹ کے لئے درخواست دی تھی-اوپر دیے گئے اعداد وشمار یہ دکھاتے ہیں کہ "فوج کی عزت" اور "راشٹرواد" کا نعرہ پچھلے پانچ سال میں فوج کے جوانوں کے حالات میں بھی بہتری نہیں لا پائی، بلکہ ان کے حالات اور بگڑے ہیں۔

اس تھو تھے راشٹر واد نے ہمیں اور ہمارے پڑوسی غریب ملک پاکستان کو ہتھیاروں کی دوڑ میں ضرور لگا دیا جبکہ 2018 ہیومن ڈیولپمنٹ انڈیکس میں 189 ممالک میں ہندوستان 130 واں اور پاکستان 150 واں مقام پر ہے۔ اگر انتخاب میں پاکستان کو سبق سکھانا مدعا رہا، تو پھر یہ دفاعی بجٹ اور بڑھے گا، یعنی روزگار، تعلیم، صحت جیسے ضروری مدعوں پر بجٹ میں کٹوتی کرنی ہوگی اور اگر واقعی میں جنگ ہوگئی، تو پھر ساری معیشت بے پٹری ہو جائے گی۔ آج ضرورت تھو تھے راشٹر واد اور فوجیوں کی موت پر جنون کو بھڑکانے سے بچنے کی ہے۔ پاکستان اور ہماری بھلائی ان کے اور ہمارے 'راشٹر واد' کے ٹکرانے میں نہیں ہے، بلکہ پڑوسیوں سے رشتے سدھارنے میں ہے۔ اور ضرورت ہے فوجی اشیا بیچنے والے ممالک کی چالوں سے بچنے کی۔ نہ پاکستان کے عوام ہتھیار کھا سکتے ہیں اور نہ ہم۔

(مضمون نگار سماجوادی جن پریشد سے وابستہ ہیں۔)

(بشکریہ دی وائر اردو، 23 اپریل 2019)

سچی حب الوطنی کو دکھاوے کی ضرورت کیا ہے؟

رام چندر گہا

ترجمہ: جاوید عالم

جس ہندوستان میں ہم رہتے ہیں، اس میں انسان کسی بھی قماش کا ہو، وہ مادر وطن سے بے حد محبت کا دعویٰ ضرور کرے گا۔ راشٹرواد، دیش بھکتی کے دعوے سوشل میڈیا، ٹیلی ویژن اور خاص طور سے انتخابی ریلیوں میں زور شور سے کیے جاتے ہیں۔ کسی ایسے مباحثے کے اختتام پر جس میں جیتنا مشکل نظر آرہا ہو، تو ایک فریق یہ راستہ اختیار کرتا ہے کہ وہ خود کو اپنے مقابل سے زیادہ بھارت ماتا سے پریم کرنے والا ظاہر کرے۔

راقم کی کام کاجی زندگی کا بیشتر حصہ ایسے مرد و خواتین کے بارے میں لکھتے ہوئے گزرا، جنہوں نے اس ملک کی تعمیر کی۔ ایسے مرد و خواتین جنہیں اپنی خدمات کا مظاہرہ کرنے کے لیے کبھی دیش بھکتی کا لبادہ اوڑھنے کی ضرورت نہیں پڑی۔ یہ ان کے کام تھے، جنہوں نے ہمیں بتایا کہ وہ ہندوستان کے کیسے خدمت گزار سپوت تھے۔ اس کے لیے انہوں نے اپنے منہ سے کبھی کچھ نہیں کہا۔ مجھے یہ اختصاص حاصل رہا کہ دیگر لوگوں کے علاوہ گاندھی، نہرو، پٹیل، امبیڈکر، کملا دیوی چٹوپادھیایے اور ایم اے انصاری جیسی شخصیات کی حیات و خدمات پر تحقیق و تالیف کا کام انجام دوں اور اسے سمجھ پاؤں کہ روایتی درجہ بندی میں جکڑے اور منقسم ملک کو کیسے انہوں نے ایک جمہوری ملک میں تبدیل کیا۔

یہ کالم بھی ان محب وطن لوگوں کے بارے میں ہے، جن سے میری دستاویزی نہیں، روبرو ملاقاتیں ہوئیں۔ یہ 1980 کے اوائل کی بات ہے۔ اس وقت میں 'چپکو آندولن' کے نقطہ آغاز گڑھوال کے ہمالیائی علاقوں میں تحقیقی کام کر رہا تھا۔ اسی کے تحت کچھ فیلڈ ورک میں نے "بڈیار" کی وادی میں بھی کیا۔ تجارت کے

لیے جنگلات کی تخت و تاراج کے خلاف اس وادی میں زبردست ڈھنگ سے چپکو آندولن کیا گیا تھا۔ میں نے ان مرد و خواتین سے بات کی جنہوں نے اس آندولن میں حصہ لیا تھا اور اس بابت اپنے تحقیقی مقالے میں لکھا بھی (جو بعد کو ناچیز کی پہلی کتاب کی شکل میں شائع ہوا)۔

چپکو پر اسی شائع شدہ اپنے کام میں سے میں نے دو گڑھوالی بزرگوں سے اپنی ملاقاتیں ڈھونڈ نکالی ہیں۔ ان میں سے ایک سابق فوجی بی ایس پنڈیر تھے، جنہوں نے 1947 سے 48 کی ہند و پاک جنگ میں ویر چکر حاصل کیا تھا۔ ہم ایک شادی میں شامل ہونے پیدل دوسرے گاؤں جا رہے تھے۔ جنگ میں زخمی ہو جانے کی وجہ سے وہ تھوڑا لنگڑا کر چلتے تھے، لیکن ان پہاڑی راستوں پر ان کا ساتھ دے پانا مشکل ثابت ہو رہا تھا۔ وہ بھی تب جبکہ میں ان سے کوئی تیس سال جوان تھا۔ پنڈیر جی اپنے جسم و روح کے ساتھ زندگی سے بھرپور تھے اور جنگ میں ملے زخم ان کا حوصلہ زیر نہیں کر سکے تھے۔ میں دیکھ سکتا تھا کہ اپنے علاقے میں انہیں کیا مقام حاصل تھا اور لوگ کیسے ان کے تئیں عقیدت کا اظہار کر رہے تھے۔ یہ صرف اس لیے تھا کہ انہوں نے اپنے ملک کی حفاظت کی تھی اور ریٹائر ہونے کے بعد اپنے گھر واپس آن پہنچے تھے۔ ویر چکر حاصل کرنے والے اس جانباز بزرگ سے میں نے ان کی مہمات کے بارے میں جاننے کی کوشش کی، لیکن انہوں نے میرے ایسے سوالات کو اڑا دیا اور اس کے بجائے میری تحقیق کے بارے میں بات کرنے لگے۔

میری دوسری ملاقات شاید اور زیادہ قابل ذکر تھی۔ ایک صبح مجھے مجاہد آزادی شیر سنگھ میواڑ کے گھر لے جایا گیا۔ وہ ناٹے قد کے کمزور سے انسان تھے اور شدید دمے کی وجہ سے لگاتار کھانستے رہتے تھے۔ اس کھانسی کی وجہ سے انہیں دیر تک بات کرنے میں پریشانی ہو رہی تھی۔ تب انہوں نے کہا کہ جب میں وہاں سے لوٹنے لگوں، تب ان سے مل کر جاؤں۔ دو دن بعد میں ان کے پاس پہنچا تو انہوں نے مجھے ہاتھ سے لکھا ایک مسودہ سونپا۔ اس کا عنوان "ٹہری گڑھوال کا کرانتی کاری اتہاس" تھا۔

حب الوطنی کی روح سے لبریز یہ 40 صفحات پر مشتمل ایک غیر معمولی دستاویز تھا، جسے تیار کرنے میں نہ عمر کا ضعف حارج ہو سکا، نہ ہی خرابی صحت مخل ہو پائی۔ ایک باہری شخص کی آمد نے ان کی یادداشت میں دفن تاریخ کے بیش بہا لمحات کو روشن کر دیا تھا۔ ایسے لمحات جنہیں یادگار بنانے میں وہ یعنی شیر سنگھ میواڑ خود شامل رہے تھے۔ دراصل 1946 سے 47 میں وہ کسانوں کے ذریعے کی گئی اس بغاوت کا حصہ تھے، جس کے بعد ٹہری گڑھوال ہندوستان کا حصہ بنا تھا۔ یہ زمین پر کسانوں کے حق کو لے کر شروع کی گئی ایک تحریک تھی، جو آگے چل کر مہاراجہ کی حکمرانی کے خلاف ایک طوفانی آندولن میں بدل گئی۔ اس کا عروج راجدھانی ٹہری پر قبضے اور ایک "آزاد پنچایت" کے قیام کی شکل میں سامنے آیا۔ اپنے محل کی طرف گاڑی سے جا رہے مہاراجہ کو

بھاگیرتھی ندی کے پل پر روک دیا گیا۔ اس موقعے کے لیے شیر سنگھ میواڑ نے "اس طرف راجہ، اس طرف پرجا" کے لفظ استعمال کیے تھے۔ ندی کے ایک طرف علاقے کا حکمراں تھا؛ جبکہ دوسری جانب عوام تھے، جو اب اس سے منحرف ہو چکے تھے۔ نوشتہ دیوار پڑھ کر راجہ نے فوراً حکومت ہند کے ساتھ الحاق کے دستاویز پر دستخط کر دیے۔

شیر سنگھ میواڑ نے جو مسودہ مجھے سونپا تھا، وہ عنان حکومت بادشاہت سے جمہوریت کو بنا تشدد منتقل کیے جانے کی بابت ایک سچے سپاہی کا تحریر کردہ دستاویز تھا۔ شیر سنگھ نے کسان آندولن اور اس کی قیادت، ٹھہری گڑھوال کے باہر سے انہیں ملنے والی حوصلہ افزا مدد، مہاراجہ کے مغالطے اور ان کو دیے جانے والے صلاح مشوروں کی بابت لکھا تھا۔ اہم بات یہ کہ اس میں اپنے رول کی بابت انہوں نے بہت کم لکھا تھا۔ اسی طرح انہوں نے لیڈران کے یا ایک وادی سے دوسری وادی کو بھیجے جانے والے پیغامات کے بارے میں بھی کم لکھا تھا۔

وہ فوجی جس نے دراندازوں کو نکال باہر کیا، وہ ستیہ گرہ کرنے والے جنہوں نے بادشاہ کو جھکنے پر مجبور کر دیا، وہ اپنی حب الوطنی کا، اپنی دیش بھکتی کا ذرا بھی مظاہرہ نہیں کرتے۔ وہاں تو ایک خاموش، زیریں حب الوطنی تھی۔ وہ نعرے بازی والی یا شیخی بگھارنے والی دیش بھکتی نہیں تھی۔ ان کی خدمات کے بارے میں جاننے والے ان کا بہت احترام کرتے تھے، جبکہ وہ اس کے خواہشمند نہیں تھے اور نہ ہی ان کی کوئی دیگر خواہشات تھیں۔

1980 کے اوائل میں میری ان سے ملاقات ہوئی تھی۔ بی ایس پنڈیر اور شیر سنگھ میواڑ نے اپنی حب الوطنی عملی طور پر پیش کی، نہ کہ زبانی جمع خرچ کے ذریعے۔ اس بات کو 35 سال ہو گئے۔ ان کی یادیں میرے ذہن میں ابھی بھی محفوظ ہیں۔ میں دیکھ سکتا ہوں کہ پنڈیر جی اپنی چھڑی کے سہارے سنکرے پہاڑی راستوں پر، باوقار انداز میں تسلی سے میرے سوالوں کا جواب دیتے ہوئے تنہا جا رہے ہیں۔ میں یہ بھی دیکھ رہا ہوں کہ کھانستے ہوئے شیر شنگھ اپنی جھونپڑی سے نکل رہے ہیں۔ ان کے ہاتھ میں میرے لیے مسودہ ہے۔ ایسی دو محب وطن شخصیات سے ملنا میرے لیے بہت ہی فخر کی بات تھی۔ اب ان کے بارے میں لکھنا مجھ پر فرض تھا۔ خاص طور سے ایسے وقت میں جبکہ ایک ایسے شخص نے ترنگے پر بہت بیہودہ ڈھنگ سے قبضہ جما لیا ہے، جسے اس کے بارے میں بہت کم علم ہے۔ اور وہ اس سے بھی کم اس کی قدر کرتا ہے کہ اس ملک کی تعمیر کیسے ہوئی اور کیسے اس کی حفاظت کی گئی۔

(بشکریہ دی وائر اردو، 4 مئی 2019)

راشٹرواد کی آڑ میں سوالوں کو دبایا جا رہا ہے

سدھارتھ بھاٹیہ

کیا سچ مچ حب الوطنی ملک کی فضاؤں میں تیر رہی ہے۔

ایئر انڈیا کو ہر فلائٹ کے دوران ہر اعلان کے بعد 'جئے ہند' کہنے کی ہدایت دی گئی ہے۔ فطری طور پر اس فیصلے نے انٹرنیٹ پر ہزاروں کی تعداد میں لطائف کو جنم دیا ہے۔ کیا پائلٹ ٹیم کے ممبر اب کہیں گے، ہم کھانا بانٹنے جا رہے ہیں، جئے ہند۔ پنیر یا اڈلی؟ جئے ہند۔ کیا مسافروں کو اب اڑان بھرنے سے پہلے راشٹر گان گانا ہوگا؟ اس خیالی فہرست کو جتنا چاہے بڑھایا جا سکتا ہے۔

چٹکلہ، چیزوں کو مذاق میں اڑا دینے کا ایک اچھا میڈیم ہے، لیکن اس سے سچائی نہیں بدلتی۔ رائے عامہ کو، خاص طور پر پسند نہ آنے والے رائے عامہ کو پریشانی کا سبب یا منحوس چیز ماننے والی حکومت عوام کی رائے پر زیادہ توجہ دے، اس کا امکان کافی کم ہے۔ سوائے اس صورتحال کے جب وہ اس کے اپنے نقطہ نظر سے میل کھانے والی ہو۔

اس طرح کوئی بھی جائز عدم اتفاق 'لبرلس'، 'سیکلروں' یا ایسے ہی کئی لوگوں کا کیا دھرا ہے، جبکہ سب سے تشدد آمیز فرقہ پرستی یا وحشیانہ قوم پرستی 'عوام کی آواز' یا 'اصلی ہندوستانیوں کا سچا اظہار ہے۔' اس لئے کوئی چاہے کچھ بھی کہے، حکومت اس فیصلے کو بدلنے نہیں جا رہی ہے۔ لوگوں کے درمیان حب الوطنی کے جذبہ کو بھرنا موجودہ حکومت کے مرکزی ایجنڈے کا ہمیشہ سے حصہ رہا ہے۔ اور موجودہ فرمان بھی اسی سمت میں اٹھایا گیا ایک قدم ہے۔

بھارت ماتا کی مسلسل پکار، ملک کے مختلف حصوں میں لگائے گئے پرچم، فوج کی بہادری کا بیان اور سینما گھروں میں قومی ترانہ کے لئے کھڑے ہونے کا حکم۔ اس بات کا ثبوت ہے کہ اس حکومت نے اپنے

ایجنڈے کو پوری شدت کے ساتھ آگے بڑھایا ہے۔ ایئر انڈیا والا حکم انتخاب سے ٹھیک پہلے۔ضابطہ اخلاق کے نافذ ہونے سے پہلے۔آیا، لیکن اصل میں یہ اس کے پیچھے کی وجہ نہیں ہے، کیونکہ ایسا تو کسی بھی صورت میں ہوتا۔ بہر حال، بالاکوٹ ایئر سٹرائک کے بعد، راشٹر وادای پروجیکٹ اہم ہوا ٹھا ہے۔

اس کے ساتھ ہی نہ صرف پارٹی یا سنگھ پریوار کے اندر سے بلکہ حکومت (اور اس کے دانشور طبقے) کے متاثر کن لوگ لکشمن ریکھا کھینچ رہے ہیں۔فوج پر سوال اٹھانے کو ملک کے خلاف قرار دیا جا رہا ہے۔صرف فوج ہی نہیں، حکومت اور وزیر اعظم سے سوال پوچھنے کو بھی اسی زمرہ میں رکھا جا رہا ہے۔ ملک کے نظریہ میں، عوام کے ذریعے چنے گئے وزیر اعظم اور حکومت۔ کے ساتھ ہی فوج کو، جس کو سیاسی کنٹرول میں ہونا چاہیے، شامل کرنے کی کوشش کی جارہی ہے۔

اس طرح سے اقتدار کے توازن کو شہریوں کی جگہ شاہی حکومت کی طرف کھسکانے کی کوشش کی جا رہی ہے اور جمہوری نظام کو اس طرح سے پلٹنے کی کوششوں پر سوال اٹھانے والے ہر آدمی کو 'ملک' کے دشمن کے طور پر پیش کیا جا رہا ہے۔ یہ سب سے بیہودہ قسم کی ہاتھ کی صفائی ہے اور یہ تاریخ میں سب سے بدترین ظلم کی وجہ بنی ہے۔ پچھلے کچھ دنوں کی مثالوں پر غور کیجئے۔

حکومت کے مشکل کشا اور چہیتے وزیر پیوش گوئل انڈیا ٹوڈے گروپ کے ایک صحافی پر ناراضگی ظاہر کرتے ہوئے بھڑک اٹھے، جس نے منچ پر چل رہی ایک لائیو بات چیت کے دوران جناب وزیر سے کچھ ایسے سوال پوچھنے کی گستاخی کر دی تھی، جوان کو شاید پسند نہیں آئی۔ اس صحافی کو خاص طور پر اس سے پہلے کبھی حکومت کے خلاف کوئی تاثر رکھنے کے لئے نہیں جانا گیا ہے؛ لیکن یہاں وہ بس اپنا کام کر رہا تھا۔ جواب مانگ رہا تھا۔

گوئل نے اپنی ناراضگی کو کسی سے چھپائے بنا اس صحافی سے پوچھا، کیا آپ بھی اس نیریٹو کا حصہ ہیں، جو فوج کو نیچا دکھانا چاہتا ہے؟ اس کے بعد انہوں نے کہا کہ "اس طرح کی سوچ ہندوستان میں پاکستان کے لیے تشہیر کرے گی"، جس کا مطلب شاید یہ نکلتا ہے کہ ایسی سوچ رکھنے والے ہندوستانی پاکستان کی طرف سے بول رہے ہیں۔ یہ پیغام اس سے واضح نہیں ہو سکتا تھا۔سوال پوچھنا دشمن کے ہاتھوں میں کھیلنے کے برابر مانا جائے گا، اس لئے بہتر یہ ہے کہ سوال نہ پوچھے جائیں۔

بلا شبہ اس صحافی نے جناب وزیر کو یہ یاد دلایا کہ ان کو کسی سے راشٹر واد کا سبق پڑھنے کی ضرورت نہیں ہے (کہ اس کے والد فوج میں تھے، حالانکہ ایسا بتانے کی ضرورت نہیں تھی)، لیکن یہ اس بات کی اچھی مثال ہے کہ اس حکومت کے ذمہ دار ممبر کس طرح سے سوچتے ہیں۔ اس کے بعد آرمی چیف سے وزیر بنے

جنرل وی کے سنگھ، جنہوں نے ماضی میں صحافیوں کے لئے" پریسٹی ٹیوٹ" جیسے لفظ کا استعمال کیا ہے، نے طلبا رہنماؤں کو" جونک" کہہ کر مخاطب کیا۔انہوں نے ہندوستان کے اندر 'سرجیکل اسٹرائک' کی مانگ کی۔

ان کا اشارہ شاید الگ الگ نظریات والے مخالفین کی طرف تھا۔انہوں نے افسوس ظاہر کیا کہ ہندوستان اسرائیل جیسا نہیں ہے جہاں کوئی فوج پر سوال نہیں کھڑا کرتا۔شاید جنرل جناب کو لگتا ہے کہ وہ اب بھی فوج میس میں ہیں جہاں فوجی ہی فوجی ہیں اور جہاں عام شہریوں کے خلاف اپنی بھڑاس نکالی جاسکتی ہے اور ماتحت افسر کھڑے ہو کر تالیاں بجاتے رہتے ہیں۔

ہم ان کو تقریباً یہ کہتے ہوئے سن سکتے ہیں، 'ان سارے نامرادوں کو بم سے اڑا دو۔' سچ میں جمہوریت کبھی کبھی تکلیف دہ ہوسکتی ہے۔اور خوب بولنے کے لئے مشہور روی شنکر پرساد نے بھی پیچھے نہ رہنے کی ہوڑ میں اس سے زیادہ کھل کر کہا، 'کانگریس ہوائی حملے کا ثبوت مانگ کر فوج کا حوصلہ گرا رہی ہے، اس لئے کانگریس پاکستان کی زبان بول رہی ہے۔'

دوسرے الفاظ میں ان کا کہنا تھا کہ منھ بند رکھیے اور ہم جو کہہ رہے ہیں، اس کو قبول کر لیجئے، کیونکہ آپ کے ایسا کرنے کا مطلب ہوگا کہ آپ غدار وطن ہیں۔حکومتیں اور رہنما پریشان کرنے والے سوال پسند نہیں کرتے ہیں، یہ تو ایک جانی۔مانی سچائی ہے، لیکن یہ حکومت سارے حدود کو پار کر گئی ہے۔وزیر اعظم نریندر مودی نے اپنی مدت کار میں ایک بھی پریس کانفرنس نہیں کی اور نہ کسی ایسے صحافی کو انٹرویو دیا، جو ان سے مشکل سوال پوچھ سکتا تھا۔

معمولی سوالوں کو بھی، یہاں تک کہ آرٹی آئی کے توسط سے بھی پوچھے گئے سوالوں کا جواب دینے سے انکار کر دیا جاتا ہے۔یہاں تک کہ عدالت عظمیٰ کو بھی اس حکومت سے کوئی اطلاع حاصل کرنے میں پریشانی محسوس ہوتی ہے۔سوال پیدا ہوتا ہے کہ آخر وزیر اعظم اور ان کی حکومت کو کس بات کا اتنا ڈر ہے؟

لیکن، سوال ہے کہ بند نہیں ہوتے۔ہندوستانی لوگ فطرت سے شکی، یہاں تک کہ کمیاں ڈھونڈنے والے ہوتے ہیں۔میڈیا کا ایک بڑا طبقہ، جس کا مذہب اقتدار میں بیٹھے لوگوں سے سوال پوچھنا ہونا چاہیے، گھٹنے ٹیک چکا ہے اور ملک کے کچھ سب سے طاقتور لوگوں نے خاموشی اختیار کر لی ہے، لیکن عام لوگ ایسا نہیں کرنے والے ہیں۔

ان کی آواز اونچے تختوں پر بیٹھے لوگوں کو سنائی نہیں دیتی، لیکن جب وقت آتا ہے وہ اپنا فیصلہ سناتے ہیں۔ان کو جلد ہی اس کا موقع ملنے والا ہے۔راشٹرواد کے نام پر ان کو چپ نہیں کرایا جاسکتا ہے۔

(بشکریہ دی وائر اردو، 13 مارچ 2019)

اب ترنگا سے سکون نہیں، جنون پیدا کیا جارہا ہے

اپوروانند

ترنگا کیا کسی کو دھوپ سے بچانے کا کام کرسکتا ہے؟ کیا وہ سکون دہ سایہ بن سکتا ہے؟ جن لوگوں نے ترنگا کا تصور کیا تھا، انہوں نے اس کو اسی طرح دیکھا تھا شاید۔ ترنگے کو دیکھتے ہوئے اطمینان کا احساس ؛کوئی سایہ سر پر ہے۔ شاہ رخ نے ترنگے کو اسی طرح دیکھا۔ وہ کام سے لوٹ رہا تھا۔ ہندوستان کا ایک مزدور۔ 15 اگست کا دن گزر چکا تھا۔ یوم آزادی۔ جشن منایا جا چکا تھا،لیکن شاہ رخ اس وقت بھی کام پر تھا۔ بوجھا ڈھوتے ہوئے۔ بیل داری کا کام ریلوے اسٹیشن پر۔ کام سے لوٹتے ہوئے رات ہو چکی تھی۔ پھر بھی اس کی نظر کو سڑک پر ایک رنگ۔ برنگے کپڑے نے کھینچ ہی لیا، جتنے رنگ نے نہیں اتنا شاید اس کے سائز نے۔ اس نے اس کو سڑک سے اٹھایا، پھیلایا اور اس کی آنکھیں چمک گئی ہوں گی تب۔ یہ سائز ٹھیک اس کے گھر کے دروازے کا سائز تھا۔ دروازہ، جو نہیں تھا۔ جگہ تو تھی، دروازہ نہیں۔

گھر کا مطلب پردہ داری بھی ہے ورنہ وہ سڑک کا حصہ ہے۔ لیکن بہت سارے گھر ہیں جن کو لکڑی یا لوہے کا دروازہ نصیب نہیں۔ وہ بھی گھر ہی ہیں جو اپنی راز داری پلاسٹک کے پردے سے ڈھکتے ہیں۔ جب ہوا ان کو اڑاتی ہے، اینٹوں سے ان کو دبا کر روک دیتے ہیں۔ یہ ہماری نظر میں تقریباً گھر ہے، تقریباً دروازے والے گھر۔ شاہ رخ کو اس کپڑے کو دیکھ کر اپنے بغیر دروازے والے گھر کی یاد آئی ہو۔ وہ فٹ آتا لگتا ہے دروازے پر۔

کپڑا معمولی نہ تھا۔ ترنگا تھا۔ قومی پرچم، لیکن یوم آزادی کے ڈھلتے ہی جس کے ہاتھ رہا ہوگا، اس کی گرفت ڈھیلی ہوگئی اور یہ پھسل پڑا۔ کون ہوگا جو اس وسعت کو اپنی گرفت سے سرکتے ہوئے بھی بے خبر رہا

ہوگا؟ یا جان بوجھ کر اس کو اس نے اب بے کار جان کر پھینک دیا ہوگا؟ آخر یوم آزادی ختم ہو چکا تھا۔ پھر روز مرہ کے لئے ترنگا کس کام کا؟ وہ متروک پرچم اب ایک کپڑے کا ٹکڑا بھر تھا۔

سڑک پر پڑا رہا۔ اس کے بعد کئی پیر گزرے ہوں گے اس راہ۔ شاید اس کو کچلتے ہوئے بھی۔ لیکن اس کے قریب صرف شاہ رخ کے پیر ہی ٹھٹکے۔ کیا اس کے پیر میں آنکھیں تھیں؟ کن کے پیروں میں آنکھیں ہوتی ہیں؟ ہم۔آپ سڑک پر نگاہ نہیں ڈالتے، سڑک پر گرے کسی سکے کی امید کی یاد بچپن سے اب دستک دینے نہیں آتی۔ لیکن ہمارے آپ کے علاوہ ڈھیر سارے لوگ ہیں جو پھینک دی گئی چیزوں سے اپنی دنیا سجاتے ہیں۔

ایک پلاسٹک کی بوتل، ایک گھس گئی چپل، ایک ٹوٹا ہوا کھلونا! ان سے بھی گھر بنتا ہے۔ شاہ رخ نے سوچا کہ یہ بڑا ترنگا اس کے گھر کو دھوپ اور دھول سے بچائے گا۔ اس نے گھر کے منہ پر اس کو ٹانگا۔ جیسا انداز کیا تھا اس نے ویسے ہی ترنگے نے پورے دروازے کو ڈھک لیا۔ اس گھر کی سب سے بڑی کمی پوری ہوئی۔ ترنگے کے سایہ نے اسے گھر کا درجہ دیا۔

شاہ رخ کو لیکن معلوم نہ تھا کہ اب ترنگے سے سکون نہیں، جنون پیدا کیا جاتا ہے۔ اور یہ کتنا عجیب ہے! جس ترنگے نے ایک فیملی کو، ایک ناخواندہ غریب، اس کی بیوی، دو بچوں اور بوڑھے ماں باپ کو اپنے سایے کے آغوش میں لیا تھا، اسی ترنگے کے ملنے سے شاہ رخ کے پڑوسیوں کے دل میں نفرت کی لہر اٹھ رہی تھی۔ وہ ترنگا کیا جس کے نیچے ڈنڈا نہ ہو! جو رعب اور ہیبت نہ پیدا کرے!

ترنگا لے کر آپ کانوڑ یاترا میں چل سکتے ہیں۔ گنیش وسرجن میں بھی اس کو لہرا سکتے ہیں۔ بدعنوانی مخالف تحریک میں بڑے ڈنڈوں میں باندھ کر موٹر سائیکل پر دوڑا سکتے ہیں۔ ترنگے سے آپ مسلمانوں کے خلاف تشدد کرنے والوں کے مردہ جسم کو ڈھک سکتے ہیں! لیکن اس سے آپ اپنی بے پردگی ڈھک نہیں سکتے!

خاص کر اگر آپ کا نام شاہ رخ ہے! شاہ رخ کو یہ بھی اندازنہ تھا، (حالانکہ وہ مظفر نگر کا رہنے والا ہے) کہ ترنگے کا سایہ ہندوستان میں شاہ رخ نام جیسے والوں کے لئے اب نہیں۔ وہ اس کو جھک کر سلام بھر کر سکتے ہیں، چوم نہیں سکتے۔ وہ اس کو کورنش بجا سکتے ہیں۔ اس سے ان کی وفاداری ظاہر ہوتی ہے اور مسلمانوں سے وفاداری بھر چاہیے۔ اس سے آگے بڑھ کر اگر وہ اپنا پن ظاہر کرنے لگے تو قانون اپنا کام کرنے لگتا ہے۔

شاہ رخ کے پڑوسیوں نے اس کے گھر کے سامنے مظاہرہ کیا۔ سوچیے، ایک غریب، ایک کمرے والے فیملی کے دروازے کے باہر ایک بھیڑ نعرے لگاتی ہوئی۔" ترنگے کی بے عزتی، نہیں سہے گا ہندوستان! دیش دروہی لوگوں کو جوتے مارو سالوں کو!" یہ راشٹروادی بھاشا ہے! اور پھر آئی پولیس۔ شیوسینا

کے بہادروں نے ایک "غدار وطن" کو گھیر لیا تھا۔ پولیس نے اس کو دھر دبو چا! اور عدالت نے ترنگے کے غلط استعمال کے جرم کی سنجیدگی کو دیکھتے ہوئے اس کو حراست میں بھیج دیا۔

شاہ رخ آزاد ہندوستان کی جیل میں رہ کر ضمانت پر باہر نکلا ہے۔ ترنگا پولیس اسٹیشن میں پولیس کی حفاظت میں اپنی کھوئی عزت حاصل کرتا ہوا! ہر چیز اپنی جگہ پر۔ یہ کون سا ملک ہے اور یہ کون لوگ ہیں؟ اور ہم کون ہیں؟ اور شاہ رخ کا اس ملک سے کیا رشتہ ہے؟

(مضمون نگار دہلی یونیورسٹی میں پڑھاتے ہیں۔)
(بشکریہ دی وائر اردو، 27 ستمبر 2018)

'اینٹی نیشنل' کا تمغہ بانٹ رہے ہیں غدار وطن

رگھو کرناڈ

ان دنوں ملک مخالف یعنی اینٹی نیشنل ہر جگہ ہیں اور ہر دن بی جے پی کا ایک ترجمان یا کسی تجارتی چینل کے اینکر ہندوستان میں ان کی پہچان کراتا پایا جاتا ہے۔ لیکن وہ بھی 'ملک مخالف سرگرمیوں' کی اصلی حد اور تاریخ کے بارے میں آپ کو کچھ نہیں بتاتے ہیں، کیونکہ یہ لفظ اس ملک میں ایک بار پہلے بھی چرچا میں رہ چکا ہے۔ ایمرجنسی کے دور میں اس لفظ کا استعمال حکومت کی مخالفت کرنے والے کارکنوں، خاص طور پر غیر ملکی چندہ پانے والوں، دانشوروں اور نئی دہلی میں اقتدار کے غلط استعمال کا پردہ فاش کرنے والے پریس کو نشانہ بنانے کے لئے کیا جاتا تھا۔

یہ ایک الگ تاریخ ہے، جس کے بارے میں ہمیں نہیں پڑھایا جاتا ہے۔ یہ دھمکیوں اور اعتراضات کی تاریخ ہے جو ہمیں ایک سوال کی طرف لے کر جاتی ہے۔ اینٹی نیشنل ہونے کا الزام ہمیں الزام لگائے جانے والے کے بارے میں زیادہ بتاتا ہے یا ان کے بارے میں بتاتا ہے، جو یہ الزام لگاتے ہیں؟ ایک رہنما، جن کو اینٹی نیشنل اور غیر ملکی ایجنٹ لفظ سے پیار ہے، وہ ہیں سبرامنیم سوامی۔ وہ راجیہ سبھا کے رکن پارلیامان ہیں اور 1974 سے۔ جس سال پورے شمالی ہندوستان میں جے پی آندولن کے بڑھتے ہوئے مظاہرے کی دھمک دکھائی دی تھی۔ اب تک پارلیامنٹ کے اندر اور باہر رہے ہیں۔

1974 کو ایک ایسے سال کے طور پر بھی یاد کیا جا سکتا ہے جب ہم "غیر ملکی ہاتھ" عہدے کو قومی بحث کے اندر خوب استعمال ہوتا دیکھتے ہیں۔ اگر اندرا گاندھی کی باتوں پر یقین کریں، تو جے پر کاش نارائن کے آندولن کے پیچھے غیر ملکی خفیہ ایجنسیوں، خاص طور پر سی آئی اے کا ہاتھ تھا، جس کا لیفٹ حکومتوں کو بے چین

کرنے کی تاریخ تھی، جیسا کہ اس نے چلی اور ایران میں کیا تھا (اس وقت کے امریکی صدر رچرڈ نکسن بھی اندرا گاندھی کے لیے دشمنی کا جذبہ رکھتے تھے اور ایسا بنگلہ دیش جنگ سے پہلے سے تھا)۔

25 جون 1975 کو جے پرکاش نارائن (جے پی) کا آندولن دہلی تک پہنچ گیا جس کا مقصد منتخب قومی حکومت کو گدی سے اتار پھینکنا تھا۔ اس صبح، وزیر اعظم نے مغربی بنگال کے وزیر اعلیٰ سدھارتھ شنکر رے کو اطلاع دی کہ ہندوستانی ایجنسیوں کو آندولن اور سی آئی اے کے درمیان رشتوں کا پتا چلا ہے۔ اسی رات ایمرجنسی کا اعلان کر دیا گیا۔

اس کے ساتھ ہی ہزاروں حزب مخالف کے کارکنوں، جن میں بائیں اور دائیں بازو کی جماعتوں کے لوگ شامل تھے، کو حراست میں لے لیا گیا؛ کئی انڈر گراونڈ ہو گئے۔ کچھ لوگ ایمرجنسی کے خلاف مزاحمت کو منظم کرنے کے لئے ہندوستان میں ہی رک گئے؛ کچھ بیرون ملک بھاگ گئے۔ اس کے بعد کی چار دہائیوں میں سنگھ نے (بائیں بازو کے برعکس) ہندوستان کے اندر اپنی مزاحمت کا ایک رنگین افسانہ تخلیق کیا ہے۔

راشٹریہ سویم سیوک سنگھ (آر ایس ایس) ایمرجنسی کی مخالفت میں اترنے کا دعویٰ کرتا ہے اور یہ تشہیر کرتا ہے کہ اس کے ممبروں نے گرفتاریاں دی تھیں۔ لیکن ایسے دعوؤں کے لئے پختہ ثبوتوں کی کمی ہے، کیونکہ اخباروں کو ہڑتال اور جلوسوں کی خبر کرنے سے روک دیا گیا تھا۔ دوسری طرف ایسے دعوے بھی ہیں، جو سنگھ کے ایسے کسی کردار کو سرے سے مسترد کر دیتے ہیں۔ خود سبرامنیم سوامی نے سال 2000 میں لکھا تھا کہ "بی جے پی/آر ایس ایس کے زیادہ تر رہنماؤں نے ایمرجنسی کے خلاف جدوجہد کے ساتھ غداری کی تھی۔" اور "ملک کے ظالموں کے لئے کام کرنے کی پیشکش کی تھی۔"

سوامی نے اٹل بہاری واجپائی اور آر ایس ایس کے صدر بالا صاحب دیورس کا نام لے کر کہا تھا کہ انہوں نے جیل سے اندرا گاندھی کو معافی نامہ لکھا تھا۔ سوامی نے بیرون ملک میں رہ کر سرگرمیاں چلائی اور جیل جانے سے بچے رہے۔ ان کے اپنے الفاظ میں غیر رہائشی ہندوستانی "حزب مخالف کو بدنام کرنے کے لئے اس وقت کی حکومت کے ذریعے چلائی جارہی مہم سے ڈرے ہوئے تھے" اور ان کو حزب مخالف کی آوازوں کی ضرورت تھی تاکہ وہ یہ سمجھ سکیں کہ آخر ہندوستان میں چل کیا رہا ہے؟

دسمبر، 1975 میں سوامی لندن پہنچے اور کینیا، یو کے اور شمالی امریکہ میں پھیلے کارکنوں کے اس نیٹ ورک کا حصہ بن گئے، جو غیر ملکی حکومتوں، مفکروں، صحافیوں کے ساتھ مل کر ہندوستان میں اقتدار کے اغوا کا پردہ فاش کرنے کی مہم چلا رہے تھے۔ لندن میں سنگھ کے اور جلاوطن مکرند دیسائی کے لفظوں میں، "وہ سچ کے تسکر تھے۔" ایمرجنسی کے خلاف ان کا سب سے اچھا ہتھیار منفی پریس تھا۔

شروعات میں دی نیو یارک ٹائمس اور لندن کے دی ٹائمس نے جے پی کو جیل سے رہا کرنے والے اشتہارات کو شائع کیا تھا، جس پر درجنوں مغربی دانشوروں اور خاص طور پر لیفٹ کی طرف رجحان رکھنے والی عوامی ہستیوں کے دستخط تھے۔ حالانکہ، اداراتی پیشکش میں ابھی بھی اکثر وزیر اعظم کے متعلق نرمی دکھائی دے رہی تھی۔ ایمر جنسی کے دو مہینے پورے ہونے پر امریکہ کے چار اہم صحافی، جن میں نیو یارک ٹائمس اور دی نیو یارکر کے بھی صحافی شامل تھے، این بی سی کے پروگرام "میٹ دی پریس" کے لئے وزیر اعظم کا انٹرویو لینے اور ہمدردی کے ساتھ ان کی بات سننے کے لئے ہندوستان آئے۔

اسی ہفتہ آئیں سرخیاں "اب محترمہ گاندھی معیشت کو اپنے حساب سے چلا سکتی ہیں" (Mrs. Gandhi Can Now Do What She Wants With the Economy) کی طرز پر تھیں۔ اس کا موازنہ 6 مہینے بعد نیو یارک ٹائمس کی سرخیوں سے کی جا سکتی ہے، جب غیر ممالک میں ایمر جنسی کے خلاف ماحول تیار ہونے لگا تھا۔

5 فروری، 1976

'ہندوستان: بڑھ رہا ہے ظلم' (انڈیا: مورر یپریشن)

30 اپریل، 1976

'ہندوستان میں دھندھلاتی امید' (فیڈنگ ہوپ ان انڈیا)

2 جون، 1976

'رائٹس لیگ نے اقوام متحدہ کو کہا: ہندوستان آزادی کو کچل رہا ہے' (Rights League Tells the U.N India Tramples on Freedoms)

آج غیر ملکی اخباروں کے ذریعے تنقیدی کوریج پر رائٹ ونگ پارٹی کی ابروئیں تن جاتی ہیں، لیکن 1976 میں سوامی ہندوستان میں جمہوریت کے خطرے کے بارے میں نیو یارک ٹائمس اور ایک درجن دیگر اخباروں سے بات کر رہے تھے۔ اس طرح سے بڑے پیمانے پر عوام کی حمایت جٹانے کا ہی نتیجہ تھا کہ امریکی کانگریس نے ہندوستان میں انسانی حقوق پر سماعت کی، اسی طرح کے سوال برٹن کے ہاؤس آف کامنس میں بھی پوچھے گئے۔

ہندتو وادی مفکر ایم جی چتکارا نے یہ دعویٰ کیا کہ "غیر ملکی زمین پر دکھائی گئی اس سرگرمی نے ملک میں تاناشاہی حکومت کے منصوبوں کو ناکام کرنے میں اہم رول ادا کیا۔" ایک طرح سے 1977 کے آخر میں ایمر جنسی واپس لینے کے اعلان میں اندرا گاندھی پر عالمی دباؤ کا بھی کافی ہاتھ رہا۔ ویسے سب سے زیادہ

دلچسپ تھا اندرا گاندھی کا ردعمل۔ آج خبروں پر نگاہ رکھنے والوں کو یہ ردعمل کافی جانا پہچانا سا لگے گا۔ ٹائمس آف انڈیا سے بات کرتے ہوئے اس وقت کے وزیراعظم نے مغربی میڈیا کی رپورٹنگ کو" غیر ملکی مداخلت" بتایا اور ان کے کوریج کو" بدنام کرنے والا برے جذبات سے پُر" بتایا۔

1976 کی شروعات میں، ہندوستانی سفارت خانوں کو" اینٹی نیشنل اور غدار وطن کی سرگرمیوں میں شامل ہونے والوں" کی فہرست (بلیک لسٹ) بنانے کے لئے کہا گیا تھا۔ جس کا مطلب ان لوگوں سے تھا، جو ایمرجنسی کی مخالفت کر رہے تھے۔

سوامی پر خاص دھیان تھا۔ امریکہ میں ہندوستان کے سفیر ٹی ایل کول نے" غلط اور کینہ پرور پروپیگنڈہ" پھیلانے کے لئے ان کی مذمت کی اور ستمبر 1976 میں سوامی کی جانچ کرنے کے لئے ایک راجیہ سبھا کی کمیٹی بنائی گئی۔ سوامی اس وقت ایوان کے ممبر تھے۔ اس کمیٹی نے یہ فیصلہ سنایا کہ سوامی نے" بیرون ملک میں ہندوستان مخالف عناصر کے ساتھ مل کر ہمارے جمہوری اداروں کو بدنام کرنے اور ملک کے بیرونی دشمنوں کے ہندوستان مخالف پروپیگنڈہ کو ہوا دینے کے مقصد سے کام کیا ہے۔"

یہ جملہ دوبارہ پڑھے جانے کے لائق ہے۔ اس میں آئے اہم عہدے" ہندوستان مخالف عناصر"، " ہندوستان مخالف پروپیگنڈہ"، باہری دشمن ایسے عہدے ہیں، جن کو ہم ایک بار پھر سے دوہرایا جاتا، سن رہے ہیں، جس کا مقصد حکومت کی تنقید کرنے والوں کو ملک کے دشمن کے طور پر پیش کرنا ہوتا ہے۔ ایمرجنسی عالمی سرگرمی، خاص طور پر ہندو رائٹ ونگ کے لئے ایک ٹرننگ پوائنٹ کی طرح تھی۔ اس کو آگے بڑھانے میں لیفٹ پارٹیوں اور دانشوروں، مزدور سنگھ، انسانی حقوق کے کارکنوں اور مذہبی گروپ کے ممبروں کی بھی شراکت تھی، لیکن اس مزاحمت کی افواہ پر سنگھ نے قبضہ کر لیا، اور جس نے اس کا سب سے زیادہ فائدہ بھی اٹھایا۔

مؤرخ ایڈورڈ اینڈرسن اور پیٹرک کلیبنس، جن کی حالیہ ریسرچ نے اس مضمون کو با اثر کیا ہے، کا کہنا ہے کہ" ایمرجنسی کے دوران، صلاحیت، مہارت اور نیٹورک کے معاملے میں سنگھ پریوار کے ذریعے کی گئی سب سے اصل ترقی، جن کی طرف ابھی تک دھیان نہیں دیا گیا ہے، کا رشتہ ہندو راشٹروادی آندولن کی عالمی گول بندی سے ہے۔

کارکنوں کو، جن میں سے کچھ گرفتاری اور سینسر شپ سے بچنے کے لئے ملک سے فرار ہوئے تھے، غیر ممالک میں نئے اڈوں کو تلاش کرنے، اقتصادی مدد اور میڈیا کی حمایت پانے اور اندرا حکومت کے خلاف غیر ملکی حکومتوں اور ایجنسیوں کو متاثر کرنے کی کوشش کرنے پر مجبور ہونا پڑا۔ ایمرجنسی کے ختم ہو جانے کے بعد

بھی یہ کڑیاں ٹوٹی نہیں۔ انہوں نے سنگھ کی تنظیموں کے لئے غیر ملکی پیروکاری اور فنڈنگ کے بڑے ماخذ کی شکل اختیار کر لی، جس کا سلسلہ آج بھی قائم ہے۔

کچھ رپورٹوں کے مطابق آر ایس ایس کو غیر ملکی فنڈنگ سے لاکھوں ڈالر کی حصولیابی ہوئی ہے، جس میں سے کافی بڑا حصہ غیر ملکی شہریوں سے ملا ہے۔ حقیقت یہ ہے کہ اگر کسی سیاسی طاقت کو غیر ملکی سرگرمی کے ذریعے پرورش اور حمایت دی گئی ہے، تو وہ ہندو راشٹر واد ہے۔ 2014 سے یہ بات قومی بحث میں بار بار دوہرائی جاتی ہے کہ حکمراں جماعت کے ناقدین بیرون ملک سے اسپانسرڈ ہیں۔ پھر بھی دونوں قومی پارٹیاں اپنے چندے کا ایک بڑا حصہ "غیر ملکی ماخذ" سے حاصل کرتی ہیں، بھلے ایسا کرنا غیر قانونی کیوں نہ رہا ہو۔

2014 میں جب دہلی ہائی کورٹ نے بی جے پی اور کانگریس دونوں کو ہی ایف سی آر اے (وہی قانون جس کا استعمال مشکلیں کھڑی کرنے والے غیر سرکاری تنظیموں پر نکیل کسنے کے لئے کیا گیا) کی خلاف ورزی کرنے کا مجرم پایا، تب ارون جیٹلی نے قانون کو ہی بدل دیا تا کہ سیاسی پارٹیاں پچھلی تاریخ سے اس قانون کے دائرے سے باہر ہو جائیں۔

تاریخ میں ایسا بہت کم ہوتا ہے، جو بالکل نیا ہوتا ہے اور کم سے کم "اینٹی نیشنل" لفظ تو ایسا قطعی نہیں ہے۔ جب ایسے عہدے لوٹ کر آتے ہیں، تب ہمیں ان کو ان کے پرانے استعمال کی روشنی میں سمجھنے کی ضرورت ہوتی ہے۔ ملک مخالف، ہندوستان مخالف، غیر ملکی ہاتھ ایمرجنسی کے نظام کی فرہنگ کا حصہ تھے، جن کا استعمال جمہوریت کی حفاظت کرنے والے کارکنوں کے خلاف کیا جاتا تھا۔

آج ایک نئی پارٹی اقتدار میں ہے، لیکن یہ اپنے ناقدین کے خلاف اسی زبان کا استعمال کرتی ہے۔ یہ لفظ اپنے آپ میں کافی کم کہتے ہیں (اس کے استعمال کرنے والوں کے بارے میں زیادہ بتاتے ہیں)۔ سبرامنیم سوامی اور ارندھتی رائے میں کیا مساوات ہے؟ زیادہ نہیں۔ سوائے ان حکومتوں کے جنہوں نے ان پر "اینٹی نیشنل" ہونے کا الزام لگایا اور یہ ایک سوچنے والی بات ہے۔

(بشکریہ دی وائر اردو، 2 ستمبر 2018)

ہم نے اپنا بھارتیہ کرن کیا!

کنہیا لال کپور

ہم نے سوچا اس سے پہلے کہ کوئی شخص ہمارا بھارتیہ کرن کرے کیوں نہ ہم ہمت سے کام لے کر اپنا بھارتیہ کرن کر ڈالیں۔ سب سے پہلا مسئلہ ہمارے نام کا تھا۔ جیسا کہ آپ شاید نہیں جانتے ہمارا نام اقبال چند ہے۔

ہمیں خیال آیا اقبال عربی کا لفظ ہے۔ ہندوستان میں رہتے ہوئے عربی نام رکھنا کہاں کی حب الوطنی ہے۔ ہم نے اپنا نام کنگال چندر رکھ لیا۔ یہ نام ویسے بھی ہماری مالی حالت کی غمازی کرتا تھا۔ نہ صرف ہماری بلکہ ملک کی حالت کی بھی!

دوسرا مسئلہ لباس کا تھا۔ پتلون، کوٹ اور ٹائی میں کہیں ہندوستانیت نظر نہ آئی۔ یہ تینوں چیزیں ہماری غلامانہ ذہنیت کی نمائندگی کرتی تھیں۔ بے حد تعجب ہوا ہم آج تک انہیں کیسے پہنتے رہے؟ سوچا پتلون کی بجائے پاجامہ پہنا کریں گے، لیکن کسی فارسی نے بتایا پاجامہ لفظ بھی ایران سے ہندوستان میں آیا ہے۔ ہم دھوتی اور کرتہ پہننے لگے۔ قمیص اس لیے نہیں کہ قمیص عربی کا لفظ ہے اور اس میں عرب کی بو باس بسی ہوئی ہے۔

تیسرا مسئلہ بالوں کا تھا۔ انگریزی ڈھنگ سے بال رکھنا ملک سے غداری نہیں تو اور کیا ہے۔ ہم نے نائی سے کہا ہمارے سر کے درمیان ایک لمبی چوٹی رکھنے کے بعد سارے بال کاٹ دو۔ اس نے ایسا ہی کیا۔ قدیم ہندوستانیوں کی تصاویر میں ہم نے دیکھا تھا وہ بڑی گھنی اور لمبی مونچھیں رکھا کرتے تھے۔ ان کی پیروی کرتے ہوئے ہم مونچھیں بڑھانے لگے۔

ہمارے چھوٹے سے چہرے پر بڑی بڑی مونچھیں دیکھ کر ہمارے احباب سمجھے ہم نے کسی ناٹک

میں کام کرنے کے لیے بناوٹی مونچھیں لگائی ہیں۔ احباب کی بات چھوڑیئے۔ جب ہم اپنے کو اس نئے روپ میں دیکھتے، یوں محسوس ہوتا ہمیں خدا نے نہیں شنکر کارٹونسٹ نے بنایا ہے، لیکن ہم ذرا بھی نہیں گھبرائے۔ ہندوستانی بننے کے لیے کیا کیا نہیں کرنا پڑتا۔

اب آپ ہماری عینک ہی کو لیجئے۔ ہم نے کئی پنڈتوں سے پوچھا۔ کیا رامائن اور مہا بھارت میں کہیں عینک کا ذکر بھی آیا ہے؟ انھوں نے کہا۔" اس دور میں لوگ وناسپتی گھی کہاں کھاتے تھے جوان کی بینائی جوانی ہی میں کمزور ہو جاتی۔" ہم نے سوال کیا۔ کیا سگریو، کنبھ کرن، دوشاسن سب کی بینائی اتنی تیز تھی کہ انھیں کبھی عینک لگانے کی ضرورت محسوس نہ ہوئی؟ کہنے لگے وہ سب کاجل لگایا کرتے تھے۔

ہمیں اپنے مسئلے کا حل مل گیا۔ عینک اتار دی اور کاجل استعمال کرنے لگے۔ نتیجہ یہ ہوا کہ رات کے وقت رسی پر سانپ اور بکرے پر کتے کا دھوکہ ہونے لگا۔ نیز جب کوئی کتاب پڑھنے کی کوشش کرتے تو کالا اکھشر بھینس برابر والا معاملہ ہوتا۔ کچھ دنوں بعد ہمیں رات کے علاوہ دن میں بھی ہر چیز پر کسی دوسری چیز کا دھوکہ ہونے لگا۔ آنکھوں کے ایک ڈاکٹر سے مشورہ کیا اس نے سمجھایا۔" اگر آپ اندھے نہیں ہونا چاہتے تو فوراً عینک لگا لیجئے۔"

" لیکن یہ ہندوستانی نہیں ہے۔"

" اس سے کیا فرق پڑتا ہے۔ یہ گھڑی جو آپ نے کلائی پر باندھ رکھی ہے، ہندوستانی نہیں اور یہ سگریٹ جو آپ پی رہے ہیں، یہ بھی ہندوستانی کہاں ہے۔"

" آپ نے بہت اچھے وقت یاد دلایا۔ کل سے ہم حقہ پیا کریں گے۔"

" اور گھڑی کے بارے میں آپ نے کیا سوچا ہے؟"

" گھڑی اتار دیں گے۔"

" اور وقت معلوم کرنا ہوا تو؟"

" کسی سے پوچھ لیا کریں گے۔"

" خیر جو چاہے کیجئے، لیکن عینک ضرور لگا لیجئے۔ نہیں تو آنکھیں نہ رہیں گی۔"

یہ سوچتے ہوئے اگر ہم اندھے ہو گئے تو ہندوستان میں اندھوں کی تعداد میں اضافہ کرنے کے سوا اور کچھ نہ کر سکیں گے۔ ہم نے عینک لگا لی۔

ایک رات جب ہم ٹیلی ویژن دیکھ رہے تھے، ہمارے ایک دوست نے اعتراض کیا۔ ٹیلی ویژن ہندوستانی نہیں۔ ہم نے اس کی عقل کا ماتم کرتے ہوئے کہا۔" اگر زمانہ قدیم میں ٹیلی ویژن نہ ہوتا تو سنجے

مہاراج دھرت راشٹر کو مہابھارت کا آنکھوں دیکھا حال کس طرح سنا سکتے تھے؟"

"وہ تو یوگ کا معجزہ تھا۔"

"آپ اسے یوگ کا معجزہ کہہ لیجئے۔ہم تو سمجھتے ہیں سنجے کے پاس ٹیلی ویژن سیٹ تھا۔"

"سنجے کی وفات کے بعد وہ سیٹ کہاں گیا؟"

"مہابھارت کی جنگ میں تباہ ہو گیا۔"

کچھ اور دنوں کے بعد ہمارے ایک دوست نے ہم پر نکتہ چینی کرتے ہوئے کہا۔"آپ نے اپنا بھارتیہ کرن تو کر لیا، لیکن آپ بوٹ کیوں پہنتے ہیں؟"

"کل سے جوتا پہنا کریں گے۔"

جوتا پہن کر چلنے میں کافی تکلیف کا احساس ہوا کیونکہ وہ پاؤں کو بری طرح کاٹتا تھا۔ہم نے اس کی بھی پرواہ نہ کی۔لیکن باتیں بنانے والے کب چپ رہ سکتے تھے کہنے لگے۔"آپ بس یا ٹیکسی میں دفتر کیوں جاتے ہیں۔رتھ یا پالکی میں جایا کیجئے۔" ہم نے جھنجھلا کر کہا۔"بیسویں صدی میں رتھ اور پالکیاں ہیں کہاں جن میں سوار ہوا جا سکے؟"

"تو پھر پیدل جایا کیجئے۔"

"دفتر آٹھ میل پر ہے۔پیدل کس طرح جا سکتے ہیں؟"

"تو پھر بھارتیہ کرن کا خبط چھوڑ دیجئے۔"

"وہ ہم نہیں چھوڑ سکتے۔"

وہ پھبتی کستے ہوئے بولا۔"آپ کی شریمتی جی تو ابھی تک لپ اسٹک اور پوڈر لگاتی ہیں ان کا بھارتیہ کرن کب ہوگا؟"

بات تلخ ضرور تھی، لیکن سچی تھی۔ہم نے وعدہ کیا کہ شریمتی جی سے اصرار کریں گے، آئندہ پان سے اپنے ہونٹ رنگا کریں اور پاؤڈر کی بجائے چندن کا لیپ کیا کریں۔

ہم نے سمجھا تھا کہ اب کوئی نکتہ چیں ہم پر الزام نہ لگائے گا کہ ہم سو فیصد ہندوستانی نہیں ہیں، لیکن ہمارا خیال غلط ثابت ہوا۔ایک شام کچھ نوجوان ہمیں مبارکباد دینے کے بہانے گھر پر آئے۔باتوں باتوں میں انھوں نے پوچھا۔"مکمل ہندوستانی ہونے کے باوجود آپ نے ٹیلی فون کیوں لگا رکھا ہے؟"

"ٹیلی فون تو زندگی کی ایک اہم ضرورت ہے۔"

"لیکن اس کی ایجاد ہندوستان میں نہیں ہوئی۔"

"یوں تو بجلی کی ایجاد بھی ہندوستان میں نہیں ہوئی۔"

"آپ بجا فرماتے ہیں۔ پھر بجلی کے بلبوں کی بجائے چراغ جلایا کیجیے۔"

"چراغوں سے اتنی روشنی کیسے حاصل کی جا سکتی ہے؟"

"آپ نے گھر میں کرسیاں کیوں رکھی ہوئی ہیں؟"

"بیٹھنے کے لیے۔"

"قدیم ہندوستانی کرسیوں پر نہیں بیٹھتے تھے۔"

"اور کس چیز پر بیٹھتے تھے؟"

"فرش پر۔"

دو ایک منٹ کے سکوت کے بعد ایک نوجوان نے کہا۔ "آپ چائے کیوں پیتے ہیں؟"

"اور کیا پیا کریں؟"

"جوشاندہ۔"

"جوشاندہ بھی کوئی پینے کی چیز ہے؟"

"پھر دودھ پیا کیجیے۔"

"دودھ ہضم نہیں ہوتا پھر مہنگا بھی ہے۔"

"آپ کے لڑکے میڈیکل کالج میں کیوں پڑھتے ہیں؟"

"ہم انھیں ڈاکٹر بنانا چاہتے ہیں۔"

"ڈاکٹر کیوں، وید کیوں نہیں؟"

"ہمارا آیورویدک سسٹم میں اعتقاد نہیں ہے۔"

"وہ خالص ہندوستانی سسٹم ہے۔"

"ہوگا۔ ہمیں پسند نہیں۔"

"باقی ہندوستانی چیزیں پسند ہیں، یہ کیوں نہیں؟"

"اس سوال کا ہمارے پاس کوئی جواب نہیں۔"

"اس کا مطلب یہ ہوا کہ آپ سو فی صدی ہندوستانی نہیں۔"

وہ چلے گئے، لیکن ہم عجیب دبدھا میں پڑ گئے۔ کتنا اتنا کچھ کرنے کے بعد بھی ہم اپنا مکمل بھارتیہ کرن نہیں کر سکے؟ کیا واقعی چراغ جلانا ہوں گے؟ جوشاندہ پینا پڑے گا؟ لڑکوں کو گورو کل بھیجنا ہوگا؟ اور یہ

60 راشٹر واد کی آڑ میں

سب کچھ کر لیا تو نکتہ چیں کہیں گے آپ انگریزی اخبار کیوں پڑھتے ہیں؟ پینسلین کے ٹیکے کیوں لگواتے ہیں؟ کیک اور بسکٹ کیوں کھاتے ہیں؟ شریمتی جی کو ڈارلنگ کیوں کہتے ہیں؟

بہت دیر تک سوچنے کے بعد ہم نے فیصلہ کیا، اخبارات میں اعلان کر دیں۔ جہاں تک ممکن تھا، ہم نے اپنا بھارتیہ کرن کر لیا ہے۔ اس سے زیادہ بھارتیہ کرن کرنے کی ہم میں توفیق نہیں۔

(بشکریہ دی وائر اردو، 27 جون 2024)

اشعر نجمی کی مرتب کردہ دیگر کتابیں

ادبی مزاحمت کا نیا پیش لفظ

مزاحمتی نظمیں (انتخاب و ترجمہ)

مزاحمتی فکشن (انتخاب و ترجمہ)

فکری مزاحمت کے پہلو

ثقافتی مزاحمت اور معاشرہ

اشعر نجمی کی مرتب کردہ دیگر کتابیں

ہندوستانی سیاست میں مسلمانوں کی حصہ داری

ہندوستان میں مسلمانوں کی معاشی صورت حال

انڈین مسلم پرسنل لاء اور یونیفارم سول کوڈ

آل انڈیا وقف بورڈ اور قومی میراث کا قضیہ

ہندوستان میں مسلم عورتوں کے چیلنجز